BIG（Business, Idea & Growth）系列希望與讀者共享的是：
●商業社會的動感●工作與生活的創意與突破●成長與成熟的借鏡

BIG（Business, Idea & Growth）系列希望與讀者共享的是：
●商業社會的動感●工作與生活的創意與突破●成長與成熟的借鏡

為什麼有錢人先吃最喜歡的菜？

世野一成
Issei SEYA—著
吳偉華—譯

目次

【步驟二】培養「投資腦」的習慣養成術 113

只要稍微改變一下看事情的角度，成為下一個幸運兒的人就是你！

【步驟三】一輩子不再為錢煩惱！ 205

以「投資腦」的生存方式改變自己的生活，未來會更好過。

每天都有「好事」等著你！

推薦序

賺錢關鍵在於「判斷」而非「努力」

文／施昇輝

很多人應該都聽過這句話：「聰明工作，勝過勤奮工作。」（Work smart, not work hard.）這和本書不斷提到的「工作腦」和「投資腦」的比較，有異曲同工之妙。有些人做事，只知道悶著頭往前衝、累得半死，最後終於排除萬難，完成「工作」。但是，有些人做事氣定神閒，腦海裡非常清楚自己想要什麼，不浪費時間在瑣碎事情上，輕鬆地達成「目標」。

這句話可以用在「上班工作」上，何嘗不能用在「投資理財」上？大部分人都知道「人不理財，財不理你」所以花很多時間研究理財技巧，充實理財知識，但是「理財」這件事完全無法印證「一分耕耘，一分收穫」這句話。

因為賺錢與否，貴在「判斷」，這和「努力」完全無關。但是，大部分人因為不會判斷，所以就到處聽明牌，手中持股種類之多，用7-Eleven都不夠形容，結果累得半死，也不一定能夠賺到錢。

此外，大部分人的「目標」是「賺愈多愈好」，所以沒有風險意識。股價漲，希望賺更多；股價跌，求神明保佑會反彈，結果不知停利停損。到頭來，運氣好只是一場空歡喜，運氣差就只能「住套房」。

如果你能將「目標」設定在年報酬率百分之十，不要好高騖遠，想要賺一倍以上，你就會有風險意識，然後找簡單的「方法」設法達成。在技術指標低檔的時候，不用任何判斷，只要買績優股，買ETF，不就可以輕鬆賺錢嗎？

書上告訴我們，要做百分之五的黑羊（black sheep），也就是股市裡的那句名言：「人多的地方不要去」。大跌不恐懼，敢買；大漲不貪婪，敢賣。年報酬率百分之十不難吧？

本書總共有五十五個法則，都能引申到大家最感興趣的「理財」上面。建議讀者每看完一個法則，就拿來和你自己的理財行為做個對比，一定可以讓你茅塞頓開。

這是一本不講基本分析，也不嘮叨技術分析，只講觀念的財經寶典。「觀念」能夠突破，比複製那些理財傳奇人物的「做法」，要容易多了。

試想哪一個有錢人，看起來是整天忙忙碌碌的？他們和一般人的差別，就在於想法不一樣。

「做對的事」，勝過「把事情做對」（Do right thing, not do thing right.），以此與大家共勉。

（本書作者為暢銷書《只買一支股，勝過18%：理財專家不敢教你的事》作者）

推薦序

投資，而不是投機——認知風險、控制風險，才是致富王道

文／吳懷恩

只要你想要或正在進行「投資」，請你一定要細讀這本書。它的價值，在於導正長久以來許多人對於投資的偏差觀念。

面對微利時代、M型社會，以及物質層面豐富但精神層面匱乏的生活背景，許多人一心想要透過任何可能的方式，狠狠撈上一筆，希望藉此「脫離貧窮」，走向所謂的「上流社會」，期盼人生從此一路平順。

台語俗諺說：「人兩腳，錢四腳。」人賺錢比較難，但是，以錢滾錢相對容易得多；從小我們就被灌輸這樣的金錢觀念，也難怪長大成人之後，拚命想著各種「如何以錢滾錢」的方式。專業領域之中，把這種「以錢滾錢」的行為稱之為「投資」。

從此之後，「投資」這件事情舖天蓋地而來，舉凡從存款、標會、炒房、買賣股票，到債券、外幣、黃金。就連最近聽到廣播節目談到鼓勵「投資人」進行期貨、選擇權的交易，也是投資。甚至一位朋友告訴我，他以定額方式每期購買威力彩，這些統統都叫「投資」。

這是為何每一次當市場進行「財富重新分配」時，許多人的財富「遭到分配」，而從他人身上獲得財富的「有錢人」，都是「觀念正確」的人。為甚麼會有這樣的天差地別？我想，其中的癥結就在於是否正確理解「投資」二字的真正意義。

本書作者試圖以生活周遭發生的事情為例，試圖與讀者分享許多的寶貴經驗和心法。不過，他寫作的目的與出版本書的意義，並不是教大家「致富的捷徑」（這就像我們在電影中，看到武俠長老靠著運功打通任督二脈，就能讓接班人得到幾十年的功力）。相反地，作者不斷地試圖藉由「釐清觀念」與「校準思維」，讓許多從事「投資」行為的讀者，從「心」出發，好好審視自己「想要的」與「合理應得的」之間，是否有落差。

誠如作者在本書破題時就提醒讀者的重要觀念：「投資，是一開始就決定好的結果」，而不是「人永遠不嫌錢多，賺愈多愈好」。是否各個讀者覺得很弔詭？甚至不通人性？

是的，我必須在此用力地告訴各位讀者，我也支持作者的論點。投資這件事情做得好，就是和自己的人性抗衡，特別是潛藏在每個人心中的「貪婪」。所以，「投資」與「投機」的最大差異，在於「是否能按照自己的預期規劃獲得應有的成果」；而當中決定是否能達成目標的關鍵，是**對於風險的認知與控制能力**。

我投入資產管理行業已有十七年的時間，看到不少市場起起落落的過程，眼見許多人資產一夕暴發，而後卻難以守成、江河日下。原因無它，「無法控制貪婪的人性」是萬惡之首，以專業術語來說，這就是「失去控制風險的能力」。因此，不論是在我擔任基金經理人時期，亦或者帶領基金經理人團隊時，我一直自我提醒也持續告誡旗下團隊成員們，管理的基金資產績效好或不好，不僅在於市場浪頭來時你能推高到什麼位置？更重要的是，當退潮時，你是否能夠全身而退，而非遭到巨浪捲走？因此，與其賭上性命隨波起舞、暴起暴落，倒不如苦心鑽研如何計算潮汐，讓自己下海時承擔最小的風險。

所謂「用心計算潮汐」，就是專業的基金經理人不斷提升專業技術層次，但是，「下海時是否願意按照預期的計畫收成？」則是挑戰人性的問題。所以，就算我曾經培養出許多資質非常優秀的基金經理人，然而往往敗在「想要的」與「合理應得的」之間的迷思上。畢竟當人們一下海（進市場）之後，由於略有小成而見獵心喜，所有對於風險的提醒與正確的認知，都遭當事人拋諸腦後。相對地，反而學歷並不是特別高，資質也不見得頂尖的基金經理人，往往會更努力地貫徹對於「專業的執行步驟」及「持續地對於風險有所認知」，未來他們能夠成為明星級的基金經理人。

分享這一段話，是想藉此機會和讀者交流，倘若我們這些每天以市場為家、在金融價格中征戰的基金經理人，尚且在專業熟悉度與資訊取得相對充足的環境下，仍有少數人難以克服人性的弱點，更何況是一般投資人所面臨的挑戰。

因此，投資的心法，就是從風險認知開始；換句話說，如果你是一般投資人，對於投資的每項工具、每個市場無法理解或認識不清，請聽我的勸誡，千萬不要貿然投入。比如說，結構債事件有沒有錯？實話是，結構債本身沒錯，錯在於大家對風險的意識與認知不足（請看本書致富法則21的「動物園裡的獅子」）。也就是說，基金經理人買進這些標的之後卻無法控制對基金帶來的風險；或是買進結構債的投資人，並不了解這些商品的本質為何。

此外，為各位補充一個重要觀念，請問你認為黃金是投資工具嗎？當大家一窩蜂買進黃金時，有沒有認清它能為你帶來什麼？我認為，如果你投資的工具，能為你帶來「現金流量」，比如說，買股票有股息、買債券有債息、出租房子有房租收入、定存有存款利息等，就是符合「投資」的基本要義（如果不符合，就會偏向於「非定義為投資」的範疇）。至於買進時貴不貴、資本利得或利損等，這是另一個層次的問題，在此先不討論。黃金、期貨、選擇權有「避險功能」，但這些工具是否能產生現金流量？請讀者以此例思考，自然可以理解其中的意義。

本書中，有幾個讓我印象深刻的致富觀念，比方說，致富法則13的「不要太努力」，其實作者並不是真的要我們不要認真生活或努力工作，而是建議大家「凡事留些餘力處理後續事宜」；致富法則45的「先吃最喜歡的菜」，指的是「調整觀念、控制風險，藉此減低犯錯的機率」。實際上，雖然一般人想要培養「投資思考」，進而藉此為生，其實有相當的難度（至少要先擁有「足夠的資本」才行）；這件事情無法一蹴可幾或完全不犯錯（世界上沒有那麼多的天才）。但是，我認為務實一點，均衡培養自己「事業思考」（工作腦）和「投資思考」（投資腦），這才是最符合實際需求的做法。

如果你想要（或正在做）「投資」，請你一定要細讀這本書，它的價值，在於導正長久以來許多人對於投資的偏差觀念。倘若你懷疑是否有必要培養「投資思考」，我必須說，先認清眼前「薪水凍漲、物價飆漲」的現實，接著，請用心閱讀本書，看看作者想傳達的致富思考，進而培養正確的「投資思考」，才是因應現狀的上上之策。

（本文作者為元大寶來投信資深副總經理）

前言

各位讀者大家好，我是世野一成。

我目前是來往美國及日本等亞洲各國，即使不工作，一年也有三億日圓收入的投資家；曾經是大家口中的「禿鷹基金」的成員。

各位知道甚麼是「禿鷹基金」嗎？其實在連續劇或是電影都有出現類似的劇情，相信大家應該多少都有聽過。

所謂的「禿鷹基金」是「私募基金」的俗稱，這類型的基金通常會收購快要破產的企業，經由改造企業內部狀況以及提高企業價值後，再以高價賣出其股份賺取利益的投資基金。

收購體質較差企業的運作方式，其實就像禿鷹獵殺小動物，所以才會稱其「禿鷹」。在日本，我相信大家對於「禿鷹」的印象應該沒有很好。

我曾經身為禿鷹的一員，以美國為據點在世界各地活動，到處尋找「獵物」。由於工作的關係，曾經與一些背負巨大債務的人有閒談的機會。與他們談話之間我發現一件事，這些人大多都是「有錢人」或「曾經很有錢」的人。

最讓我困惑的是，既然曾經那麼有錢，為甚麼到最後落到背負巨大債務的下場？

原來，這些有錢人正因為有錢，周圍各式各樣的人都會想要靠近他們，看看有沒有好處可以撈。更糟糕的是，有些人為了要謀取財物，會在這些有錢人的耳邊煽動一些所謂可以賺錢的方式。就這樣，沒有正確增加與捍衛個人財富的知識，導致這些有錢人到最後變成他人的犧牲品。

現在，**全世界擁有最多個人資產的人就是日本人。從全世界的角度來看日本，日本人就是名副其實的「凱子」**。也就是說，**現在全世界都在虎視眈眈看著日本人的資產**，而這是我希望大家都知道的事。

正因為我曾經是從日本人手中奪走資產的「前禿鷹」，才能夠將實情寫在書裏呼籲大家重視。

一九九二年，我第一次去美國。

在完全沒有熟識半個人的狀況下來到美國。也許是命中註定，我遇見了我人生的導師，一位猶太富翁。

後來我才知道，這位富翁並不是「普通人」。

他並不是一般「白手起家」的有錢人。他出身頗富歷史的豪門，到他已是第三代，是貨真價實的「有錢人」。

像這種真正的有錢人，為了避免財富縮減，得以永續傳承給子孫，他們必須擁有許多維持財富的知識。而這不單純只是簡單的訣竅（know-how），而是只有真正的有錢人才能了解「對於金錢的思考模式」（投資腦）。

我的師父對金錢的思考模式，我認為稱它為「哲學」也不為過。在與他相處的過程中，他教導我許多事。我在學習的過程中發現，有錢人的思考方式具有「共通點」，這就是為甚麼我會將「投資腦」（編按：本書日文原名）設成是標題的原因。而這些想法，對我後來的人生有了很重大的影響。

本書中包含許多對於金錢的重要想法。不管是哪種想法，我都很希望平時較少接觸理財觀念的讀者，都能夠透過這本書了解邁向財務自由的思考方式。

「想要改變自己的人生！」，即便你只是稍微閃過這樣的念頭也無妨，請先試著翻開這本書吧！從那一刻起，我相信你的人生會就此開始改變！

序曲

請問，你想工作一輩子嗎？

真正有錢人的「思考方式」是甚麼？

在本書開始之前，有個問題想要先請教各位讀者。

你是否想要工作一輩子？

「當然沒有，到了六十歲就退休了！」如果你是這樣想的人，再問一個問題。

那麼，**退休之後的你，收入來源是甚麼？**

在這個世界上，能夠拿來賺錢的「資本」只有二種。

一種是**「勞動資本」**，另一種則是**「金融資本」**。

所謂「勞動資本」，指的是用自己的「勞動力」，或是透過做生意方式所賺取的金錢。

換句話說，只要有勞動就有賺錢的機會。相反地，如果自己已經無法再勞動時，錢也沒有辦法再進到口袋裏。

簡單來說，若要運用「勞動資本」來賺錢的話，就只能一輩子不斷地工作。

像這種運用「勞動資本」賺錢所產生的思考迴路，我稱它為「工作腦」（＝事業家思考、經營者思考）。

所謂**「金融資本」，指的是用自己所賺來的錢來賺錢（以錢滾錢）**。我們所謂的投資，指的其實就是運用「金融資本」來賺錢的意思。

換句話說，其實**「金融資本」就是「即使是在睡覺、不必勞動，錢也會自己跑進來口袋」**的意思。

像這種運用「金融資本」賺錢所產生的思考方式，我稱它為「投資腦」（致富思考）。

在日本有許多人被稱為「有錢人」，但是這些有錢人其實大多都是「勞動富有層」，也就是因為認真勞動而變成有錢人的人。

但是另一方面，真正的有錢人，即使不用勞動也能夠賺錢的「正牌大富翁」，這些人大家都擁有「投資腦」。

因此，我所認定的「有錢人」定義如下：

「不論是在經濟上或是精神上都非常富足，而且擁有掌握未來的能力。」

也就是說，可以掌握自己的將來。

讓我們再回到剛剛的問題。

「退休之後的你，收入來源是甚麼？」，對於這個問題在心中產生異樣感覺的人，以及針對上述問題回答「應該是年金吧？」的人，其實就是擁有「工作腦」的人。

日後老人年金的演變狀況會如何，應該不會有人知道吧！說不定領到的錢會愈來愈少，說不定到最後連一毛都領不到。

面對這樣的狀況只能無語問蒼天，對於自己的未來更無法掌握。

這本書並不是教你怎麼投資！

這本書開門見山就提到，書裏面的內容並沒有具體寫到投資相關的知識。

因為，這本書最主要的目的是為了幫助大家構築一顆「投資腦」。

雖說如此，還是要想要請教各位對於「投資」所抱持的印象。

「和賭博很像吧！」

「如果押對寶就得大獎，如果押錯寶就慘了！」

就像擲骰子一樣，把錢往外一丟，然後等待結果看會出現「大吉」還是「大凶」。因為無法預料結果，也就只能忐忑不安地等待結果出現。

我相信，對於投資抱持有這樣印象的人應該不少吧？

不過，這樣的方式其實並非所謂的「投資」，這個叫做「投機」。

「我想要賺錢！」有這種想法的人進行投資，其實是天大的錯誤。

如果想要在短時間內賺很多錢的人，他要做的事並不是投資，而是「創業做生意」。

那麼，為甚麼想要賺大錢的人，大多一開始就是想要做投資呢？

我認為，那是因為大家對於「投資」有著錯誤的認知。

其實，「投資」這件事，是在一開始就已經決定好它的結果。

接著，再來思考要如何達到這個預期的結果。

但是，「投機」則是賺愈多愈好，要如何賺大錢，才是投機者所思考的事情。

假設遠方有個標靶。

對投機者來說，他們的目的不是射中那個標靶紅心，而是滿腦子想著如何將手中的箭射得更遠。對他們來說，箭射得愈遠愈好。

但是，對投資者來說，如何讓手中的箭確切射中標靶紅心才是最重要的。

換句話說，即使你手中的箭射得再遠，如果與當初設定的目標差距太大的話，也是沒用的。

舉個例子來說明，下面有二個選擇，請各位思考一下。

假設現在計畫要賺一億元，結果卻賺了五億元；另一個同樣是計畫賺一億元，結果卻賺了九千五百萬元。請問您會選擇哪一項？

一般來說，大家可能會覺得：

「這個嘛！雖然是計畫要賺一億元，但是，既然不小心賺了五億元，當然是五億元比較好啦！」

的確，如果單純以金額來看的話，賺五億元在大家的眼中看來應該是比較「成功」的。

但是，我們「投資家」並不會這麼想。對我們來說，後者的結果反而是比較好的。

因為我們最主要的想法是：「如何做才能夠更接近自己所設定的目標。」

五億元和九千五百萬元，哪一個才是離自己所設定的目標比較近的數字呢？

很明顯地，「九千五百萬元」才是那個最接近自己目標的數字。

原本計畫賺一億元，但是結果卻賺了五億元，也就是說這個結果太偏離自己原本設定的目標。這次剛好運氣好賺五億元，是個不錯的結果。但是萬一走錯一步，也許說不定下次損失的是五億元。

因此，投資家很重視**「自己所預設的結果」**。

再舉一個例子。

眼前有二台賽車。

A車的故障率是零，五年內不曾發生事故，也都沒有故障。每次都以非常好的成績跑回終點。

B車每次回到維修區時都會故障，每次都需要修理。基本上就是邊修理邊跑的狀態。所以和A車比較起來，賽車的成績沒有那麼好。雖說如此，每次也都可以跑回終點。

那麼，在這裏要請教一下各位。

如果要買這二輛車的其中一輛，你會選擇哪一輛？

答案決定好之後就可以繼續往下看。

究竟哪一輛比較好呢？

我想，大多數的人應該都會選擇A車。

理由很簡單，因為這輛車是零事故的「優等生」。跟老是有故障的B車比起來，當然零事故又沒故障，比賽成績還很好的A車才是最佳選擇。

但是，投資家並不會這麼想！

如果是我，我會選擇B車。

理由是一開始我就知道B車有「故障」這個「風險」。

而且我也知道B車每次進維修區就會故障。

我也可以知道，雖然B車每次都會故障，卻都還能夠跑回終點。

換句話說，只要一發生故障，大家都知道怎麼維修這輛車，這個故障的修理方式已經獲得掌握。只要能夠修理好，還是能夠跑回終點。

反過來想想A車。

的確，A車完全沒有故障，能夠在賽事中非常順利地跑完全程。但是，這並不代表A車永遠都能夠維持這樣的狀態。也沒有人能夠保證A車永遠都不會發生故障。

萬一在下一次的賽事中故障怎麼辦？哪裏故障？該怎麼修理？這些問題都沒人知

道。因為A車從來沒有發生故障，突然故障時，也不會有人知道哪裏出現問題，所以也就沒有人知道該怎麼修理。

而這突然來的故障，有可能就會成為A車最大的「致命傷」。換句話說，零故障某方面其實就是無法掌握「風險」的意思。對投資家來說，這是最害怕也是最想要避免的事。

投資家並不畏懼風險，他們最害怕的是不知道風險在哪裏！

因此對投資家來說，他們無法掌握A車今後會在甚麼時候、發生甚麼故障，也就是說A車具有「看不見的風險」。

另一方面，B車即使容易故障，但是事前已經知道「進維修區就會故障，只要修理好就可以繼續跑」。所以，即使是故障，只要對應得宜，就沒有問題。

就像這樣，**投資家會盡可能掌握風險，進而思考如何將風險控制在最小範圍的方法。**

投資家其實不是「錢賺很多的專家」，「錢賺很多」是「企業家」做的事。

投資家其實是「風險控制得宜的專家」。

投資並不是「如何賺錢」，主要是將重點放在「如何減少風險」。

上述的想法，其實就是一般人對於投資這件事有所誤解的地方。

更確切地說，如果想要賺大錢，你該去「創業」。投資，並不會幫助你賺大錢。投資主要著眼的是「如果將手中的錢守護好，得以留存到未來」。

所以投資其實並不是「攻擊」，而是「防守」才對！

想要開創事業，你需要的思考是「工作腦」，但是**如果想成功投資的話，你需要的則是「投資腦」**。

因此，本書會將如何變成「投資腦」的五十五條法則整理出來介紹給大家。

這些法則都是依照本人過去的經驗，當初對某些事情覺得「啊！原來是這樣！」或者是「早知道就這麼做！」的想法彙整而成。

特別是我覺得日本人對於「投資腦」這個想法也許會覺得很陌生，看到書中的某些想法時會被嚇到也說不定。

但是，對那些在歐美諸國投資事業有成的人來說，很多想法都是理所當然的。所以，如果大家可以將目前的思考迴路中再加上「投資腦」的想法，相信一定可以轉型成為不管到哪裏都可以成功的人！

當然，並不是說「一定要照著這麼做」或者是「不用這個方法一定不行！」。因為，所謂的成功並沒有「正確答案」。

如果有這種「一定要這麼做！」或者是「不這樣不行！」的想法，反而會被這樣的想法牽制，即使眼前有機會，你也會沒發現而錯失良機。

所以看這本書時，請不要用「一定要這麼做！」的心情，而是用「原來還有這種想法！」的心情來閱讀。

最終只要能夠從中有所發現就可以了！

因為只要你有一個大「發現」，就有可能會轉變成新的可能！

【步驟一】

何謂「投資腦」？

窺探有錢人到底在想甚麼？

01 結果法則

通常各位在思考事情的時候，腦袋裏的思考順序會是甚麼樣子呢？

一般可能都是「現在因為是這樣，然後變成那樣之後，結果是這樣」，這種從頭開始按照順序思考的方式。

這種從「頭」開始思考也不是不好，但是你有沒有想過，可以從「結果」開始反向思考呢？

我第一次聽到這個想法，是在二十五歲左右。

當時的我很幸運，有三位投資家願意出錢，讓我成立自己的公司。某一天，突然有人出現，表示願意買下我辛苦創立的公司。

當時公司的營運剛開始好轉，正是準備要賺錢的時候。老實說自己也抱持著「現在公司狀況正好，我為甚麼要賣掉？」的心態。

即便如此，我還是將這件事告訴出資的那三位投資家。

沒想到，他們三位同時握住我的手，並祝賀我：「恭喜你了！」。

說實話，這樣的反應實在是出乎我意料之外。

「好不容易公司開始賺錢了，如果現在就賣掉的話，那不是很可惜嗎？有甚麼好恭喜的！」我忍不住問。

聽了我的發問，他們三人之中的一人開口了。

「你到底在想甚麼？就是因為公司開始賺錢了，才能夠賣個好價錢啊！多虧你把公司照顧得這麼好，有這樣的結果實在是太好了！」

接著又說：「如果這樣的『結果』不符合你的要求的話，那麼，你究竟計畫繼續經營到甚麼時候？你倒是告訴我，你心裏預設的『結果』到底是甚麼？」

當下我啞口無言。因為我從來沒有思考過甚麼才是我要的「結果」。

日本人其實普遍認為只要工作或事業做得不錯，生活水準自然就會跟著提高。可以住在高級的地段，開著高級的車。但是只要工作或事業做得不好，大家也會自然而然認為生活水準應該會跟著降低。

但是，為甚麼大家普遍會這麼認為呢？

理由是，因為大家都是先動手做再預測結果，所以做得好，就覺得結果自然會好；反過來說，如果做得不好，結果也不會好；大家都沒有習慣從「結局」開始思考的緣故。

請各位想一下。

如果你計畫要蓋一棟大樓。

你會在沒有決定要蓋幾層樓的狀況下，就貿然地開始蓋大樓嗎？

應該不會有人會做這種事吧？

首先，應該是先決定要蓋幾層樓，然後再決定如何打地基。

然後可能會決定要蓋怎麼樣型式的大樓、要哪一種地板的材質、牆壁的顏色等等。每個環節都考慮周全後畫成藍圖，接下來才開始動工。

其實，一般在思考事情時，就和蓋一棟大樓相同，凡事都要從「結果」，也就是從結局開始思考。

從「結果」開始思考，這個概念對投資家來說是基礎中的基本功。

首先，一定會先決定結果，再依照這個結果反向思考應該要進行的動作；投資家最常做的事就是「反推思考」。

如果不從「結果」開始思考，不管做甚麼事情都沒有辦法成功。

因為如果不知道結果在哪裏，也沒有辦法決定預算，更不用說要設定策略目標等。

這樣一來，就連要如何「開始」也不知道了。

再舉個簡單的例子來說明。

假設今天要去兜風，把車開上高速公路。

出口總共有五個，每個出口的過路費金額都不同，你會怎麼做？

我相信大家應該都會先找出哪一個出口的收費最便宜，然後朝向那個出口的方向前進。

也就是說，事先已經知道出口的方向時，才能夠獲得最好的結果。

很可惜的是，日本人之中，少有人從結局開始思考。

以蓋大樓為例，大部分的人不是思考要蓋幾層樓，而是想：「大樓蓋得愈高愈好！」。

又如在國中升高中的時候，大部分的學生普遍會有這種想法：「如果可以的話，進愈有名的高中愈好」或是「看分數多少，就找差不多的高中就好」。

升大學也是，看看自己的分數可以到哪一所大學，選擇那裏就好。

那麼大學畢業後，「出口」在哪裏呢？

進入公司之後，接下來的「出口」又在哪裏呢？

所以，從現在開始養成所有事，都從「出口」與「結果」開始思考吧！

首先思考「結果」在哪裏，然後設立「假說」（hypothesis，即假設）。

之後再用各種的角度驗證所設立的「假說」。

接下來，就可以很清楚看到應該要有的「策略」。

透過上述的方式，最後的結果絕對不會是「很緊張地等待可能會有的結果」，反而會是「輕鬆自在地看到自己預料到的結果」。

Check!

先決定「結果」之後，再從「結果」開始「反推思考」。

02 黑羊法則

英文的黑羊（Black Sheep），單純從字面上來看是「黑羊」的意思。有人見過黑羊嗎？

我相信應該很少見到，因為大多看到的是白羊。

其實「Black Sheep」還有另外一個意思。它其實是英語俗話中「害群之馬」或是「老鼠屎」的意思。

「害群之馬」或是「老鼠屎」，乍看之下就覺得不是甚麼好話。這些話也大部分都用在不好的地方。但是，我卻覺得這樣的說法在某個層面來說是好的。

在所有白色的羊群中有一隻黑色的羊，會是甚麼感覺？

也許會讓人覺得討厭，但是卻非常顯眼。

其實不只羊，人也是一樣的。只要與眾不同，就很容易會引人側目。

如果那個人是你，你會因為跟別人不一樣所以覺得不安？還是會因為跟別人不一樣而感到洋洋得意呢？

不管是哪一種，都會因為自己想法的不同產生很大的差異。

我小時候就是大家口中講的「不合群的人」，不管做甚麼都沒有辦法和大家一樣。小時候也經常被認為是「奇怪的人」，老師也總覺得「大家都做得到，為甚麼只有你不行？」，挨罵、遭人白眼是常有的事。

「為甚麼我就是沒有辦法和大家做同樣的事？有同樣的想法呢？」小時候經常會有這樣的念頭。煩惱久了，自己也變得愈來愈沒有自信、愈來愈自卑。偶爾也會有「反正我就是沒辦法」這種自暴自棄的想法。

但是，等到我自己創業之後，才突然有了不一樣的想法。

因為自己的想法與別人不同，反而幫助自己在創業上獲得成功。由於具備不同觀點看事情的能力，在創業這條道路上反而成為超強的「武器」。

但是許多日本人，都不願意自己和別人不一樣。

原因是如果與眾不同的話，萬一失敗了，就不能找藉口。還有就是萬一自己和別人不同，會害怕自己遭到一大群白羊嘲笑，所以才會希望自己只是一頭白羊就好。

但是，事實上**「擁有和別人不一樣的失敗經驗」，那樣的經驗才真的是「屬於你**

自己的寶物」。

所謂的黑羊法則，其實就是「勇於和別人不同」。**不管是在哪個世界，被稱為「成功者」的人其實只有百分之五**。

換句話說，如果「成功者」只有百分之五，那麼剩下來的人就有百分之九十五。**這百分之五的「成功者」，他們都是別人口中的「黑羊」**。

一百人當中，有五人因為與其他的九十五人做了不一樣的選擇，才有了今天的成功。反過來想，**如果你今天做的事，一百人當中有九十五人反對，說不定也許前方就是一條「成功的道路」**。

雷曼兄弟（Lehman Brothers）破產導致金融海嘯時，美國不動產暴跌，有一群「白羊」看到暴跌，逃的逃散的散。但是有一群「黑羊」認為當時是「百年難得一見的好時機」，看準時機，逆勢進場。

結果哪一方成功了呢？答案一目瞭然。

所以我認為，如果你只跟大家做一樣的事情，是絕對不會成功的。

如果我小時候都跟別人一樣做同樣的事，我相信現在的我就會變成九十五分之一的人了。這麼說來，雖然小時候被認為是「奇怪的人」，但是對於長大後的我來說，這反而是另類的「稱讚」。

我還記得我國中三年級的時候，有一次老師非常生氣地罵我：

「為甚麼你都不聽老師的話？」

那時，我想都不想就回了老師一句話：

「如果聽了老師的話，我不就只能當學校老師了嗎？我才不想要當學校老師！」

當時的我，的確是一隻不受教的「黑羊」啊！

不只是我，足球選手本田圭佑選手也曾經說過這麼一句話：

「為甚麼別人要來決定我要走的路？自己要走的路要自己決定！」

這個，其實也是「黑羊」的想法啊！

Check!

「擁有和別人不一樣的失敗經驗」，那經驗才真的是「屬於你自己的寶物」。

03 非常識法則

當年我在美國，那時候網路尚未發達，書信文件往來都需要用郵寄。

某天，我為了要郵寄某份文件，向別人確認郵筒的位置之後就出門了。

「郵筒應該是這條路走出去就看得到吧？」心裏雖然是這麼想著，但是不曉得為甚麼都沒有看見郵筒。我就這樣一直向前走，沿路卻都沒有看見郵筒。

「這就怪了，難道美國沒有在路邊設郵筒？」心裏雖是這麼想，還是來來回回走了幾次，結果還是沒有看見郵筒。

到最後我還是沒有找到，只好用不是很熟練的英文問路人。

「請問郵筒在哪裏？」

沒想到那位路人卻大笑，指著我的背後說：「郵筒不就在你背後嗎？」

「咦？我都沒有看到……」我半信半疑地往背後一看，映入眼簾的是一個大型的、藍色的公共「垃圾筒」。

想到這裏我才驚覺到，原來這個才是美國的「郵筒」。

打從一開始，我心裏想的就是「紅色的郵筒」，而且我以為郵局的那個標誌是全世界通用，所以從出門之後，一直在找的就是有郵局標誌的紅色郵筒。結果即使有看到那個藍色的美國郵筒，我也把它當成是「垃圾筒」，完全擋在我的搜尋範圍之外。這就是為甚麼我來來回回走了好幾遍，卻都找不到郵筒的原因。

「原來美國的郵筒是藍色的」，心裏一邊想著，一邊又走回那條路上，才發現到這裏也有郵筒，那裏也有郵筒，好幾個地方都有郵筒。

搞了半天，並不是「沒有郵筒」，只是我自己沒有發現而已。

上述的例子可以說明一件事，心中的「刻板印象」其實會遮蔽自己的雙眼，讓自己看不見眼前的景物。

其實也有很多事就是像這樣發生的。明明機會已經在自己的眼前，但是卻讓刻板印象以及既有成見自我設限，反而讓機會白白流失。

特別是在自己經驗較豐富或專業領域中的事物，要更注意會有這樣的迷思產生。因為長久以來的經驗會讓自己認為「事情就是應該這樣」，但是這樣的成見，反而會讓自己看不見「新的發現」或是「事實真相」。

所以，現在**請重新質疑自己原本認為理所當然的常識**。

在心中認為是「理所當然」的事物，請重新再確認一次，透過這個方式，能夠去除自我設限的成見。

要破除自己心中的成見有一個很好的方法，那就是「出國走走」。因為有很多在國內的常識，在海外並不適用。

例如，在日本大部分的人都認為：「吃飯時，飯桌上的菜都不能剩下，一定要吃光光。因為，沒吃完對做菜的人是很失禮的。」

但是，如果同樣的情形搬到中國，那會怎樣？

食物全部吃完，表示對請客的主人說「客人吃不夠」，反而變成是一件讓主人很沒有面子的事。在中國，吃飯時剩下一點食物才是「常識」，表示菜餚豐盛、主人招待周到；如果全部吃光，反而是「沒常識」的行為。

相反地，有些在日本被當成是「常識」的事，到了海外就變成「沒常識」的事。

在日本感覺是「理所當然」的事，也有很多到了海外之後，反而變得不是那麼「理所當然」。

例如，在日本有「溫水洗淨」功能的東陶（TOTO）免治馬桶座累銷量已經突破三千萬台（根據二〇一一年的統計資料），也就是說，這類型的馬桶在日本已經相當普及，但是在海外卻很少見。

知名歌手瑪丹娜（Madonna）二〇〇五年到日本時曾表示：「比起美味的日本食物，我更懷念有溫度的馬桶座墊（指免治馬桶）」。

如果只有待在日本的話，就會把免治馬桶當成是「理所當然應該要有的衛浴設備」，但是如果能夠到海外看一看，比較一下才會知道原來有很多事物並非「理所當然」。

因此，我們要打破刻板印象和既有的常識，培養自己擁有「發現機會」的好眼力。到了海外，你是否曾經發現一些好的創業機會？其實多少會有一些原本沒發現，但是出國之後而突然湧現的想法吧！

就像這樣質疑自己的「常識」，重新認識自己認為是「非常識」的部分，說不定你就會發現平常從來不曾發現的機會！

Check!

對你來說是「非常識」的事情，也許對這個世界是「常識」！？

04 茶杯法則

某天，突然在腦中浮起和朋友在喝下午茶時，手中茶杯的樣子。

為甚麼在杯子下方還需要多擺一個碟子？

為甚麼杯子「把手」的形狀沒有辦法讓手指穿過，拿起杯子的時候，只能用食指和拇指指尖夾著拿起才行呢？

在英國，在下午有喝紅茶吃點心的習慣，也就是所謂「下午茶時間」。雖然喜歡喝紅茶，但是英國人大多都是「貓舌頭」，也就是怕熱食的人居多。

因此，以前的英國貴族悠閒享受下午茶的時候，他們不會直接拿起杯子喝熱紅茶，而是會將茶杯放到碟子上散熱，等到紅茶沒有那麼燙的時候再喝。

所以，這就是除了茶杯之外，還必須附上碟子的原因。

除了碟子可以協助散熱之外，為了讓散熱的速度更快，寬口窄底的茶杯厚度比一般茶杯要來得薄。

偏薄設計的茶杯除了散熱的功能之外，其實還有另一個目的。

因為茶杯較薄，所以透光性強，能夠讓茶杯裏的紅茶顏色看起來更加鮮明。

至於杯子「把手」為甚麼手指沒有辦法整個穿過，只能用食指和拇指指尖夾著拿，這個設計也是有理由的。

過去，紅茶是只有貴族才喝得起的高級品，而這些喝得起紅茶的貴族女仕們都是戴著手套。戴著手套的手，要拿起東西並不容易，他們必須要用食指和拇指指尖夾著拿比較不容易滑。所以，當時茶杯以防滑為目的設計，最後演變成現在我們所看到的樣子。

為甚麼突然會扯到下午茶杯的事？其實我想告訴各位的是，下午茶杯組之所以會是現在我們大家所看到的形狀，是因為它有它形成這個形狀的「歷史背景」。

換句話說，**不管任何的事，都會有它形成的原因**。

對於所有的事情，我們不能只是單純接受它的現狀，更重要的是思考「為甚麼會變成這樣？」。

這個道理，其實適用於所有的事情。

「投資家」經常會在腦中思考「為甚麼會變成這樣？」「為甚麼會有這樣的現象發生？」。

那麼，為甚麼他們會經常思考這樣的問題？這是因為，「投資」是主要目的，是將現有的資產毫無損傷地保留到未來，讓子孫可以繼承下去。既然要保留到未來，某種程度對於「未來」就要預測，才能夠適時因應可能會有的變化。

如果要預測未來，最重要的是回溯過去的歷史，了解為甚麼會演變成現況的原因。

再舉個例子：我們平常看新聞的目的，不是只有想要知道「發生甚麼事？」，而是為了預測「接下來會發生甚麼事？」。如果所有的事情我們只接受現況，事情就只會停頓在這裏。因為你不會知道「接下來會發生甚麼事？」。然而，這就是表示你只學習到一個「點」而已。

唯有願意深究過去歷史的人，才有辦法再去預測「接下來的事」。也就是說，**學習事情不能夠只學習一個「點」，而是要學習整條「線」，才有能力去預測未來。**

就以經濟來說，其實所有事情的發生都有它的原因。同樣的，如果要理解經濟狀況，不能只知道一個「點」，必須要知道整條「線」的流程。

比方說，現在日圓升值，原因是甚麼？

是因為日本的經濟變強了嗎？

就以現在日本的經濟狀況來看，實在很難認定是因為日本經濟變強的緣故。

那麼，為甚麼日圓會升值？

那是因為美國與歐洲的經濟現在遇到很多的問題，原本聚集在美元與歐元的貨幣，全部都轉變成日圓避難了。

也就是說，並不是因為日本的經濟評價變好，日圓才升值。而是因為美國與歐洲的經濟變差，美元與歐元的人氣下滑，日圓的人氣才跟著水漲船高。

就像這樣，如果能夠知道過去的歷史演變，才能有預測「未來」的能力。

Check!

唯有了解過去的歷史，才能夠預測未來。

05 施比受更有福法則

我離開日本到海外之後，才發現一件事。

那就是**「大家對日本人的評價其實很高」**。

我離開日本的時候，由於美國對於日本的興盛倍感威脅，在世界各地興起所謂的「反日風潮（譯註：Japan bashing，指的是美國對日本貿易逆差所做的抗議手段）」。當時的我也認為「日本人遭到世界各地的人討厭吧？大家對日本人的評價應該不高。」

沒想到在這樣的反日風潮之下，我所在的地方對日本人的評價反而很好。而且，聽說第二次世界大戰後，因為美國害怕日本再次興盛，為了給日本人下馬威，才會有這樣的反日風潮。

當我聽到別人稱讚日本，原本對自己的祖國完全沒興趣的我，才開始興味盎然的針對日本開始進行調查。

沒想到，一調查之後才深有所感。如果日本人能好好地保持傳統哲學思維，毫無疑問地，這個民族所具備的是世界第一的能力。

這是因為日本（也就是日本人）透過「貢獻、付出」這個富有哲理的想法，帶動日本的繁榮。

從世界史來看，強國在征服其他國家時大致可分為二種方式：一種是用「強奪」，另一種則是用「付出」。

我們可以說，採取「殖民地政策」的歐美諸國大部分都是用「強奪」的方式來征服他國。

另一方面，日本卻是用「付出」的方式建設當地。

其實，本來日本就是以「付出」的方式在治理國家，這個在日本神道的「祝詞」中裏面也有提到。

日本神道的「祝詞」指的是在神社在幫人消災解厄時，神主（指的是神社祭神的司儀）口中所念的咒語。若是仔細聽聽這個「祝詞」的內容，你就會發現，大部分都是感謝的話語，例如：「神啊！感謝您賜我食物，感謝您賜我衣服」。

為甚麼祝詞的內容會充滿對神的感謝呢？這其實是因為過去擁有最新技術與知識的人，曾經付出心力教導一般民眾技術與知識的關係。比方說，教導如何耕種的栽種技術，或者是食品加工技術、傳授如何保存食物的方法、建築方式以及織布方式等等。

當時的日本人把教導他們知識與技術的人當成像「神明」一般推崇，而這些「神明」的子孫，也就是「天皇家族」直到現在也受到日本人的尊敬與愛戴。

「天皇家族」是以無私奉獻的精神獲得大家的尊敬，因此，即使經過了那麼長久的時間，對日本人來說仍舊是非常重要的存在。

仔細想想，日本天皇的皇居與一般的國民之間關係密切、沒有距離，這個只要跟國外的比較看看就知道。

請大家試想，國外的城堡多數以高牆層層圍住，別說是要入侵，可能連看也看不見城堡所在。在外國，其實位高權重的人，大多徹底的被隔離在某個地方。

那麼，我們再回到日本。日本的古城是甚麼樣子呢？

例如，日本的皇居和國外的比起來，城牆矮了許多。民眾只要抬頭一看就可以看得到城牆內部的建築，天皇就住在其中。天皇願意住在距離民眾這麼近的地方，除了可以知道天皇非常信賴民眾之外，也顯示天皇與民眾之間的關係密切。

即使是到今天，聽說天皇仍舊每天向上天祈求日本國泰民安。二〇一一年東日本大震災發生後，天皇即使身體不適，仍舊到災區去探望災民。像這樣的事情，只有日本人可以體會。

唯有奉獻和付出，才能夠得到人們的信任。

而這樣的姿態，才是日本最原始的樣貌。所以我認為，說不定就是因為這個原因，日本是一個「從未受到其他國家殖民」的地方。

另一方面，那些用「強奪」征服他國的強國，下場又是如何呢？

結果就是那些被強奪的國家起來反抗，發起獨立戰爭。不管是哪一個國家，最後也都紛紛從那些強國的手中「獨立」。簡單來說，強取豪奪的結果，就是對方一定也會再搶回去。

說到這裏，其實最主要想要告訴各位的是：**「如果不想只貪圖一時的利益，而想著眼於長期利益，首先必須學會如何讓利。」**

這個道理其實也適用在商場上。

不要強取豪奪，要學會奉獻和付出。因為接受的這一方，始終會感謝並尊重懂得付出的另一方。寧可成為對方的恩人，也不要變成對方的敵人。

如果自己擁有十，留下「一」就好，剩下的「九」，都分出去給別人吧！

也許你會覺得「自己只留『一』而已嗎？」。

轉念一想，如果你從一百人那裏各拿到一的話，加起來你就有一百了，不是嗎？到最後除了可以從大家那裏得到之外，最重要的是，大家對於你的付出是一直心存感謝的。

Check!

如果你想要得到的話，首要之務不是強奪，而是付出！

06 不主動要求法則

假設你今天很喜歡一個女孩子，但是，不管你怎麼追求，對方連看都不看你一眼。

像這種情況，你要怎麼做才會讓那個女孩子開始注意你？

「為甚麼她不喜歡我呢？」如果你光會這樣想，然後一味胡亂地追求，在我來看只會有反效果而已。

「如果事情到了一定要強求才能夠得到」，那就表示其實自己的能力還達不到他人所求的目標。

以上述舉的例子來說明，不管怎麼追求那個女孩子，她都拒絕你。那就表示其實你現在的狀況並不能達到她的要求。即使今天運氣好，她願意和你交往，那應該也沒有辦法持久。原因是你的程度還沒有達到可以滿足她的境界，所以，交往之後只是讓她更確定你不是適合她的人。

然後，她離開你之後，應該就不會再回來了。

所以說，與其你一直努力追求，我覺得更重要的是先好好磨練自己，增強實力讓自己變得更好。讓那個女生覺得「哇！那個人真厲害！」，讓她反過來追你，豈不是更好？

再舉一個例子：如果你想要讓「飽受汙染的河川恢復到以前一樣乾淨，讓鮭魚能夠自由自在地在河川裏游來游去」，你要怎麼做呢？

如果你只是很勉強把鮭魚放到受汙染的河川，鮭魚應該還是死的死、逃的逃，到最後還是會從遭到汙染的河川裏消失。

但是，如果你是從整治河川開始，把汙染的河川變乾淨的話，不需要勉強，鮭魚們也會自己游回來。因為這個河川的環境，已經變成是鮭魚們可以居住的環境了。

我年輕時，曾經參加過類似來自於不同行業的人可以交流認識的宴會。過去在那樣的場合能夠和名人或是很有實力的人交換名片，自己心裏還會暗自高興，覺得「能夠和他（她）見到面，真是太幸運了！」。

那麼，為甚麼自己會有那種「太幸運了！」的想法呢？

仔細想想，其實就是因為暗自認為「認識這個人，說不定他會給我甚麼好處」或是「如果可以進一步認識的話，說不定對自己會有正面幫助」。

現在的我，每年都會收到幾千張的名片，但是說實在話，這些名片主人的臉，我幾乎都記不起來。在這個當下我才驚覺：「當初收到我名片的那些人，是不是根本也不記得我到底長甚麼樣子了？」。此時，我才領悟出一個道理。

所謂的人脈，並不是只有自己單方面強求就可以得到，也要對方有同樣的意願才有辦法成立。

在悟出這個道理之後，有一次我出席某個派對時，某知名汽車大廠的社長也在現場。仔細一看，果然有很多人在他的面前排隊，希望可以和他交換名片。

在那個當下，我選擇不去排隊交換名片。因為我認為：

「現在排在那裏的那些人就和過去的我一樣，不管是誰，那位社長應該都記不住名字或長相。我今天絕對不會和那位社長交換名片。因為在交換名片之前，我要努力變成那位社長願意記住我的名字和長相的人。」

在那個當下我也下定決心，一定要很努力讓自己成長。直到對方願意將我這個人留在他們的記憶裏時，等到那個時候再去與他們見面。

「我一定要和那個人見面！」的想法非常主動積極。但是如果對方無心，這一切都沒有意義。即使見到面，就跟去神社向神明祈求許願一樣，都只是單方面主動而已。

也就是說，不管自己覺得有多麼需要，如果對方不覺得有需要，那麼一切都是徒勞無功。

但是如果你抱持著「遲早有一天可以見面」，然後持續不斷努力，真的遲早會有一天，在雙方都願意接納彼此的狀況下見面。

其實，猶太富翁的致富思考（投資腦）也是一樣的。

如果有一些想做的事情或是想要的，投資家不會從自己開始先行動作，而是會思考要如何將周圍的環境準備妥當，讓事情朝自己想要的方向發展。

如果你心裏想：「我想要一台法拉利（Ferrari）！」，那麼，你要先從自己可以做的開始準備起。

如果想要買的話我應該要怎麼做？要非常認真地思考，認真地設立策略目標，然後認真地準備向目標前進。即使現在買不起法拉利，但至少可以先去找一到可以停放法拉利的車庫吧！

只要你準備好成為法拉利車主的時候，我相信，法拉利離你就不遠了！

機會總是在一瞬間！

讓自己先學會「等待」，然後在等待中做好準備。我相信你只要準備好，機會自然就會來了！

Check!

如果你「想要」的話，就要先布局，再讓事情自然而然地朝著自己想要的方向發展。

接受力法則

幽靈、飛碟、外星人。

你相信嗎？還是⋯⋯。

「怎麼可能會有那種東西！」

如果你是這麼想的，在想的那個瞬間就結束了，也就沒有接下來的故事。

假使在你面前出現幽靈，你應該也會覺得「應該是我看錯了吧？」。

假使飛碟在空中飛被你看見了，你應該也會覺得「啊？那應該是飛機吧？」。

如果你的心一直都在否定某些事，那麼即使這些事實際發生在眼前，你也會看不見。

有許多的人，只相信自己親眼看得到的景象。

但是，在這個世界上其實看不見的景象更多。

例如：

你看得到紅外線還是紫外線嗎？
你看得到大腸桿菌還是流行性感冒病毒嗎？
你看得到空氣或是氮氣嗎？
你看得到原子或是中子放射線嗎？
或者是，你看得到所謂的愛情與友情嗎？

再舉一個例子，耶誕老公公，實際上並不存在。
但是，他確實存在於小朋友的心中！
請各位再試著回想過去童年的時光。
有沒有想起，自己也曾經相信有耶誕老公公的存在？應該有不少人曾經在耶誕夜，想著耶誕老公公的禮物想到太興奮而睡不著？應該也有不少人把寫給耶誕老公公的信放在襪子裏掛在床頭吧！
有時候我們會聽到小朋友說看到「小精靈」，不瞞各位，我是真的相信他們都看到了。
因為，小朋友有著我們所沒有的「接受力」。
所以，他們才能夠畫出我們所想像不到的大夢想。

例如，現在在大聯盟打球的松坂大輔，他小時候就曾經寫過一篇作文，名叫「將來，我要當一名身價一百億日圓的球員」。當時周圍的大人們並沒有嘲笑他說：「怎麼可能？別傻了！」，反而鼓勵他說：「你一定沒問題！」。

結果就是我們所看到的，他真的變成身價一百億日圓的球員了。

就像這樣，「相信」一件事，有時候它的威力是無窮的。

然而要擁有「相信」這樣的力量，首先要先具備的就是「接受力」。

但是，很可惜的是，人的年紀愈大，「否定」的力量，比起「接受」的力量更大。

這是因為受限於我們既有的經驗與知識，它們就像垃圾一樣，囤積在我們心中，逐漸地，心裏的空間也就愈來愈少。到最後演變成即使聽到新的想法或意見時，再也沒有接受的餘地，只是一味否定。

說到這裏，並不是表示我們要相信這世上真的有幽靈存在，或者是真的有外星人。這些問題並不是我想討論的重點。

我想表達的是，我們不用先去否定這樣的事。而是要有「說不定有！」「如果有的話會怎麼樣？」「沒有想到有這樣的想法」的想法，**先有這種打開「接受」的心，**

才是最重要的。因為一旦有「接受」的想法時，才有進一步擴大的可能！

事實上，有許多的機會就隱藏在這些可能之中。就只差在你「看得到」還是「看不到」而已！如果你有辦法回到童年，用小朋友的眼光來看這個世界，相信各位應該都可以看得見很多事！

十幾年前，我在日本第一次舉辦「美國不動產投資」演講時，大約三十人到場聽我演講。當時的我並沒有像現在那麼有名，也沒有顯赫的地位，所以在場的大多數人並沒有太在意我所說的話。

但是，只有一個人聽進去我的話，而且還實際操作我所說的方法。

在當時，他只是覺得「聽起來好像很有趣！」，就這樣照著我說的方式去做了。

結果，現在的他怎麼樣了？

他在美國有八十多棟不動產，一年中有半年時間住在加拿大溫哥華，有半年則是和家人在夏威夷度過。

那麼，其他的二十九人如今變得如何呢？我相信應該有很多人還是過著一成不變的生活吧！

從這個例子來看我們可以知道，如果要像這樣抓住機會的話，首先還是要先敞開心胸，全盤「接受」才行。

Check!

不管是甚麼事，都要先抱著「接受」的心！

機會總在絕地逢生處法則

我們偶爾會聽到「絕地逢生」這句話。

重新回顧我的人生，「機會總在絕地逢生處」這句話，讓我心有戚戚焉。

中國有一句俗話說：「塞翁失馬，焉知非福」。常常都是因為發生一些不幸後，才會獲得幸福，也就是所謂的因禍得福。

一路走來，我其實也遭遇過好幾次的人生谷底。

其中最深的谷底，應該是我二十七歲時發生的事。

當時我剛開始創業，事業一開始非常順利，成長非常快速。

對於這個結果我感到非常驚訝也很開心，心中更是覺得自己能力超強，也開始有些自傲。

這樣的自負又自傲的我，對於旁人的建言，完全聽不進去。

就在當時，發生一件事。

我為了想要擁有更大的事業，不斷地積極擴張。沒想到，過度的擴張導致經營出現問題，一夕之間公司財產損失近九成。

沒想到屋漏偏逢連夜雨，在公司出現巨大虧損後沒多久，又發生一件公司員工盜領公司二十萬美元的事件。

據說那位員工的母親因為生病長期住院，龐大的醫療費用讓他背負許多債務。某天，他發現有種方法可以挪用公款，在強大的負債壓力下，他決定鋌而走險。

知道這件事的我，一時之間怒火攻心，把那位員工約到公司會議室談判。在進會議室之前，我一心想著：「你這個混帳，看你要怎麼把錢還給我!?」。

沒想到，會議室門一開，映入眼簾的是一邊哭、一邊磕頭的員工，旁邊還坐著他年邁的老母親。

頓時之間，我完全說不出一句話。

原本怒火攻心的我，突然間怒火全消。

「這並不是他的錯。他之所以犯這樣的錯，那是因為公司制度太過鬆散，才會有這樣的問題發生。他今天之所以犯罪，應該是公司讓他犯了罪！」

想到這裏，我最後只有跟他說：

「你的確做了很不好的示範。不過，那筆錢我就當是公司借給你的錢，等你有錢再慢慢還給公司吧！」

在發生一連串的事件之後，公司的現金大約只剩下四萬美元。

說實在的，我實在是走投無路了。我必須從四萬美元中再扣除一些必要的經費以及當月員工們的薪資。全部扣完後只剩下二千美元。

公司的營運，光靠這剩下的二千美元要怎麼繼續下去？這到底要怎麼做才好？

「啊？這裏該不會就是終點了吧？」

我對我自己的不成熟感到痛心，也對自己先前的自負自傲感到可恥。當時的我，已經完全沒有信心再當一名經營者。

那天回家的途中，映入眼簾的是一塊廣告看板。住在這裏好幾年，這條路是我每天必經之路，但我從來沒有發現有這麼一塊廣告看板。

廣告看板上面寫著：

「○○○ 經營管理學校招生！入學金二千美元」。

這裏的入學金二千美元，而我公司剩下來的資金，也是二千美元。

「怎麼有這麼巧的事？如果今天報名入學，公司營運資金就歸零。不過，這也許是某種機緣也說不定。入學之後，也許可以得到新的啟發。」

沒想到，這次的入學真的影響到我後來處理事情的心態。

他們教我一件事之後，讓我徹底覺醒。也因為這件事，讓我更熱衷於在學校裏的學習。

學校教我的那件事就是：「經營事業絕對不可以有『謊言』」。

當我聽到這句話時，我想到一件事。

我還沒有把公司資金短缺的事，對公司員工據實以告。

「經營事業不可以有『謊言』。如果我繼續保持沉默，都不告訴員工實情，那麼就會變成我對大家說謊了。」

雖然很猶豫，但是到最後，我還是決定鼓起勇氣，將公司的現狀一五一十告訴公司所有的員工。

「真的很對不起大家！現在公司面臨到很艱苦的時刻，已經付不出大家的薪水了。」

我把應該傳達的事情告訴員工，也下定決心概括承受所有的抱怨與不滿。

不過，大家的反應出乎我意料，大家你一言我一語地安慰我：

「都發生這樣的事了，也沒有辦法！大家一起努力再把它賺回來就好！」

「薪資晚一點發也可以，我們沒有關係啦！」

「我們大家再一起努力就好啦！」

因為我據實以告，反而讓大家願意一起共同承擔公司虧損的現狀與失敗。也因為如此，大家的向心力變得更強了。

現在再重新回想過去種種，我真的打從心裏感謝這些曾經一起打拚的員工。因為過去的那段艱辛歲月，得以讓自己一改過去的傲慢，才有辦法成就現在的自己。

一開始也許會抱怨「怎麼會發生這樣的事!?」，但是對我來說，這樣的經驗反而變成自己人生中最寶貴的「資產」。一直以來，都是用「埋頭向前衝，不斷地擴大再擴大」的心態拚事業。但是，也因為這種方式出現問題，才發現原來公司並沒有所謂的「理想」與「策略」。

「我們要朝向何方？」

「目標在哪裏？」

「要怎麼朝著目標前進？」等等

因為發生問題，才會有契機思考最根本的問題。

回首過去，「機會總在絕地逢生處」的「機會」，究竟是甚麼機會呢？

其實，機會就是**改變自己的時間點**。

再更具體來說，就是**改變自己「想法」的時間點**。

為甚麼這麼說？

因為人在順境時，並不會想要改變自己。

要在最痛苦、最辛苦，遇到最糟糕的狀況下，才有可能改變自己。

當我們遇到困難時，要試著去想「這是個機會！」，眼前的道路說不定會比現在更寬廣！

Check!

在逆境中，隱藏著改變自己的契機！

模仿法則

日文「学ぶ（學習）」這個字的語源來自於「真似ぶ（模仿）」。意思就是，如果想要學習就要先模仿。

小時候各位是否有過這種經驗？模仿喜歡心儀歌手或藝人的說話方式或穿著，更厲害的人還會模仿這些人的搞笑方式。

如果自己討厭吃的食物，卻是自己喜歡的歌手或藝人最喜歡的食物，有些人說不定還會努力讓自己也變得喜歡吃。

就像這樣，人如果有強烈的慾望「想要變得跟他（她）一樣」的時候，就會透過不斷模仿變得愈來愈像，這真的是一件很不可思議的事。

這其實不只是小孩子，同樣的方式也適用在大人身上。

如果你有強烈的慾望想要學習，首先找個自己崇拜的人模仿吧！找一個可以當成「典範」或是「目標」的人，然後徹底模仿他。

當然如果你想要當個有錢人，同樣找個有錢人模仿吧！不過，這並不是讓你模仿有錢人買高級車或是買名牌。要模仿的部分並不是有錢人的「外表」，而是要徹底模仿他們的「思考與行動」。

有錢人會怎麼思考，怎麼行動，透過鉅細靡遺的觀察後，試著照他們的思考模式做做看。久而久之，逐漸學會同樣的思考與行動之後，就此拓展成為有錢人的道路！

同樣的事，在開創事業上也適用。

事實上，我目前在做的不動產投資，也是「模仿」而來的。

在這裏要提醒大家的是，模仿的對象很重要。

我模仿的對象是，他們的家族經過幾百年，經過幾個世代仍然成功者倍出。因為有很多人有很多成功的方式，但是能夠持久的人卻不多。如果經過幾百年仍歷久不衰，就值得我去模仿，而我也遵循這個方式得到成功。

我必須說，模仿的確可以得到成功。

學習「投資」，我覺得只要「模仿」就好，這句話絕對不會言過其實。

也許有點自誇，但我自認為自己是最了解「模仿」會帶來甚麼好處的人。

假設我今天想要開餐廳，首先我會先去找目前在市面上「我曾經想要擁有的餐廳」，不然就是去找「很熱門的餐廳」觀摩。因為成功的餐廳，絕對有你眼睛看不到的「成功」祕訣。

找到之後，就徹底「模仿」吧！

也許你會覺得，「模仿別人是很可恥的事，這不是有自尊的人在做的事！」。但我只能說，**「自尊」不能當飯吃！**

如果你真的想要成功，要如何做出好成績，首先要做的就是徹底模仿。模仿、模仿、再模仿，只要不斷地模仿別人的優點，慢慢地，你會開始覺得「這邊也許這樣做會比較好？」或是「這邊改變一下吧！」，逐漸地，會有新的想法產生，透過這樣的方式，你才會開始找到屬於你自己的「原創」！

所以，「模仿」有甚麼不好的？

能夠成功的人或者是成功的店，都有成功的「原因」。

日本從過去到現在其實一直都在「模仿」，也因為透過「模仿」的方式，才得以得到更高更精緻的水準。正因為是日本人才做得到，這也是身為日本人值得驕傲的事。這麼好的事，更應該更擴大來做才是！

因為，所謂「原創」，其實是從「模仿」進化而來的啊！

Check!

徹底「模仿」，才能「原創」！

10 甚麼都做得不錯的人法則

偶爾，我們會遇到一些做甚麼事都可以做得不錯的人。

在小學裏，也有這樣的人吧！

功課中上、也很有運動細胞，在接力賽中總是被選為第三棒。不只如此，畫畫也畫得不錯，唱歌也沒問題。如果還會稍微拉點小提琴的話，那就更厲害了！

當你遇到這樣的人，也許你曾經有過這樣的想法。

「他甚麼都會，好厲害哦！」

「即使是不拿手的事，也能夠做得不錯！」

其實「不錯」這個字，指的就是標準以上。不管甚麼事都是在標準以上，所以不管是在甚麼場合，不知不覺中都會成為別人的焦點。

也因為如此，他們反而比較不會有危機意識。這是理所當然的事情，因為做甚麼事你都能做到「標準以上」，即使不用費勁使力，隨便做一下，就比一般人的成績要來得好。

隨便做一下，就會有不錯的成果，所以，永遠都不會看到自己的谷底在哪裏；也不會有那種「想要從谷底爬起」的冒險精神了。

所以，做甚麼都做得不錯的人，通常也不大會有「我還要再往上爬」的想法。結果會變成如何？

因為可以做得不錯，所以人生過到最後也就以「不錯」做為結束。

「成不了大器」其實指的也是這種人。

我有時候仔細看公司的員工，他們有一個共通點。

那就是很優秀的人進來之後，就沒有甚麼成長了。剛開始的時候學習比誰都快，乍看之下覺得甚麼都會。有趣的是，接下來卻沒有太大的進步。

針對這個現象我有仔細想過原因在哪裏。那些優秀的人因為甚麼事都做得「不錯」，所以不大有機會遭逢失敗與挫折。因為這樣的原因，導致他們普遍經驗不足。

還有，甚麼都做得不錯的人，他們做甚麼事的起點都在「不錯」這個地方，所以如果遇到失敗或挫折的時候，他們只會讓自己佇足在原地，不斷地感到失落。

但是反觀那些甚麼都不會的人，因為他們做事情的起點，就在「甚麼都不會」，所以，「不會」對他們來說是理所當然的事。當他們遇到「不會」的時候，反而是一步步落實腳踏實地去做，直到事情做會為止。

事實上，不管是人或是公司，「失敗的經驗才是最寶貴的」。能從失敗中修正改善，反而是寶貴的經驗。

說到這裏，想要請教各位一個問題：

「你想要在人生結束時，就只停留在『不錯』的階段嗎？」

現在手中拿著這本書的各位讀者，我相信在心裏的某處，並不甘心自己的人生就這些結束吧？

如果各位這樣想，再重新回頭看「甚麼都做得不錯」這件事，也許就會覺得有點可怕了！

有些人會認為「不錯」就夠了，我也不反對。

但是，如果你的心裏還是有「我擁有這樣的生活真的就夠了嗎？我其實還想做些甚麼……」的想法，先問問自己吧！「一直以來，有沒有覺得滿足於『不錯』，從此停滯不前？」，如果答案是肯定的，那麼你就要注意了！

從小學開始功課就不錯，也進到不錯的大學。

大學畢業後就進到不錯的企業，業績也還不錯。

整個看起來沒有甚麼太大的問題，也可以說是一帆風順。

但是，如果照這樣一直下去的話，很有可能人生就停留在這「不錯」的階段結束。

有機會的話，踏出人生的另一步，試著去尋找一件讓自己願意奮不顧身去做的事吧！

跟各位分享一件事，我自己公司採用員工的條件是「不必很優秀，但是要很有熱情的人」。

不用甚麼事情都做得不錯，唯有凡事不投機取巧，肯持續做一件事的人，才有機會成大器。

另外，還有一個原因，那就是因為不夠優秀的人，自己不會的事情比較多，必須借重別人的力量才有辦法成就事情，因此他們會比較重視人與人之間的關係。

相反地，如果是一個甚麼都會的人，不大需要靠別人就能夠成就事情，結果比較不重視人際關係。

但是，要「成大器」的人，沒有借助別人的力量是不會成功的。

也因為如此，一個「不夠優秀的人」會比「甚麼都不錯的人」，更能夠獲得最後的成功。

至少，我是這麼想的！

Check!

經歷失敗經驗愈少的人，他的人生也會在「看似還不錯」的情形下結束。

要有改變環境的勇氣法則

有一段話我很喜歡。
雖然有點長，但是藉由這個機會介紹給大家。

如果有人跟你說「你一定做不到！」，千萬不要相信。
如果你想要做一件事，最後卻沒有成功。
千萬不要怪罪別人，
歸罪到自己身上吧！

有很多人會對我或對你說：「你一定做不到！」
那是因為他們不希望你成功。
最大的原因是他們沒辦法成功。

因為他們中途放棄了，
他們也會希望你放棄夢想。
不幸的人，總是會和不幸的人做朋友。

但是，你絕對不可以放棄。
如果有人散發著強烈的正面能量，
而且擁有正面思考，
一定要和這種人交朋友。
如果有人散發著野心想成就事情，
而且凡事樂觀，
一定要和這種人交朋友。
如果你的周圍有讓你很崇拜的人，
一定要向他請教意見。
只有你自己才能夠為你的人生思考。
如果你有夢，就朝著夢想前進吧！

為甚麼？因為你是為了要得到幸福，才出生在這世上的！

這個是美國籃球界超級明星魔術強生（Magic Johnson）所說的話。

我在大學四年級時決定「要去美國實現美國夢！」，還剩十天我就可以大學畢業，但是我毅然決然辦理退學到美國去。

當時周圍的所有人都強烈的反對。

「你到底在想甚麼！再好好想想吧！」

「你到底在幹嘛！不要亂來！」

「現實沒有你想的那麼簡單啊！」

大家都是用這種反對的口吻跟我說。

後來，我還是來到了美國。當時的我是用學生簽證來到美國，也想用學生簽證直接在美國設立公司。周圍的人還是說「用學生簽證怎麼可能設立公司!?」，反對聲浪不斷。

之後我想要用報紙廣告來募集公司資金時，周圍的人卻笑我：「這種方式怎麼可能成功？」

二十五歲時，我貸款三十五萬美元要買五十萬美元的不動產時：「你有辦法還嗎？不要亂來！」，周圍的人都勸我放棄。

以上的三件事，我都不顧大家的反對，動手去做。

結果是化險為夷，全部也都安全過關。

我成功到美國，在美國用學生簽證成立自己的公司，然後用刊登報紙廣告的方式順利的募集到公司資金。

之後也貸款三十五萬美元，投資買下五十萬美元的房地產，貸款也順利還清。

經過這些事情後，當時反對我的人也都不在我身邊了。

從日本到美國，從留學生變成企業家，從企業家變成投資家；我一個人不斷地向前，逐漸改變自己的環境。

隨著身邊的環境不斷地改變，身邊的朋友也一個個疏遠了。

原本應該是大家談論的話題漸漸地都不一樣了。沒有人可以跟自己深談，對方的話也沒有辦法引起我的共鳴。即使是聚在一起，也不覺得開心。

「為甚麼會這樣？我到底是做了甚麼才會變成這樣？」

有一陣子，覺得朋友一個個離開自己身邊，心中感到非常困擾。

但是在我感到困擾之際，我看到了魔術強生說的那段話。

這個讓我感到困擾的問題，在那段話中我得到解答。

原來，當時反對我的人們，其實並不希望我成功。

因為他們放棄夢想，所以也想要我放棄夢想。

大家之所以會用反對的口吻對我說「這種事怎麼可能辦得到!?」，是因為他們其實「不希望我可以辦到這件事」。

另外還有一個原因是，我逐步一實現自己的夢想，往上走的同時，他們已經跟不上我的腳步。

當我又回到這個問題重新思考時，我發現我過去的朋友雖然一個個疏遠，但是，我周圍又多了很多新的朋友。

沒錯，就是這樣。當自己不斷成長，周圍的人的程度也會提高，自然而然地，周圍的朋友也會跟著改變。

說實話，決定做這些事情時，我也會不安，其實也沒有把握一定會成功。

而且對我來說，維持目前的生活其實是最舒適的，好朋友也都在身邊。

偶爾我也會迷惘：「是否真的有必要去一個沒人認識、也沒有把握會發生甚麼事的環境嗎？」

但是，到最後我還是鼓起勇氣去改變現在所處的環境。透過這種方式，我也幫助我自己獲得更大的成長。

即使周圍的人都反對，請不要害怕。

也請不要害怕改變環境。

請你鼓起勇氣，飛向一個新的世界吧！

在那裏，我相信你可以遇到已經進步、成長的自己！

Check!

人們之所以會反對你的所作所為，是因為他們根本不希望你成功！

12 濁水裏的青蛙法則

下面這則故事，是我的師父告訴我的。

從前，有個小水池裏住著一隻小青蛙。

某天，這個水池來了一隻外地來的青蛙。他是數年前離開這個水池的青蛙。

看到這隻很厲害的青蛙全身很乾淨，住在小水池裏的青蛙，這才發現自己的身體很髒，很慌張地趕緊清洗自己的身體。

不過，沒多久，原本洗乾淨的身體又髒了。這隻青蛙又趕快仔細地清洗自己的身體。

但是，不管小青蛙怎麼洗，不一會兒，乾淨的身體又變髒了。

到最後，小青蛙才驚覺一件事。

原來自己居住的小水池本來就是髒的，所以住在裏面的自己也不知不覺地變髒了。

這隻小青蛙把自己發現的事情告訴其他人：「我們來把水池清理乾淨吧！」他希望其他青蛙也能夠幫忙。

但是，卻沒有其他夥伴贊同，反而還有青蛙跟他說：「現在住得很舒服了，沒你的事，別管太多！」

這個小青蛙沒有放棄，他希望大家能夠發現「現在居住的地方其實很髒。」

但是，沒有人要理會小青蛙，還有些青蛙已經開始在他的背後指指點點了。

「牠是不是腦袋有問題啊!?」

漸漸地，他的朋友也都離開他身邊。

「一直待在這裏絕對不會有好事！」

小青蛙這麼想著。於是他下定決心離開一直以來居住的水池。

小青蛙不知道會遇到怎樣的敵人，也不知道有沒有辦法找到比現在更好的水池。說實在話，他很不安也很害怕。雖然如此，他還是決定要離開水池。

離開水池之後沒多久，他就找到一個大的水池。

那個水池不但很大，而且還很乾淨。那個原本又黑又濁的水池根本沒辦法比。

「這裏才是個好地方啊！」小青蛙邊想，又回到原本自己居住的地方。

「我找到一個比這裏更好的地方，大家一起去吧！」小青蛙努力地試圖說服大家，但是沒有任何青蛙願意相信他。

「又在胡說了！」

「應該又是在說謊吧！」

大家你一言我一句，沒有人願意相信他。

這隻小青蛙反而遭到冤枉，說他是一隻「騙人的青蛙」。

小青蛙獨自回到大水池。沒有人相信自己的話，讓他感到非常無力。

「你怎麼了？」

此時，不知從哪裏出現一隻老青蛙，開口跟小青蛙講話。

於是，小青蛙一五一十將事情的來龍去脈告訴老青蛙。

聽完所有事情始末的老青蛙對著小青蛙說：

「**失去力量的正義是無力的**。首先，你要做的是讓自己變得有力才行。你自己都沒有力量了，又怎麼會有力量分享給大家呢？再來，你自己要先變得幸福才行。如果你自己都不幸福了，又怎麼帶給大家幸福呢？要改變別人之前，**要先改變自己才行**

啊！」

聽完老青蛙的話，小青蛙頓時茅塞頓開。

「我要先改變自己，我都沒有辦法說服自己了，還一心想要改變別人。所以重要的是，先改變自己啊！」

年邁的老青蛙最後對小青蛙說：

「你啊！是因為遇見那隻乾淨的青蛙，所以才發現自己是很髒的。那隻青蛙有對你說甚麼嗎？」

「沒有，看到牠之後，我才發現自己是髒的。」

「那麼，你就變成那隻受人尊敬又乾淨的青蛙，不就好了嗎？」

聽完這個故事，我有很多感觸。

想說服別人，最好的方法，就是把自己變成「典範」。

如果自己都感到無力，又如何把力量給別人？事情其實就這麼簡單。

所以，如果你想要改變些甚麼，首先要做的事就是改變「自己」！這麼一來，所有的事情才會有所開始啊！

Check!

如果要改變周圍，先從改變自己開始吧！

13 不要太努力法則

「為甚麼我這麼拚死拚活，卻還是做不好？」偶爾我們會遇到像這種怨天尤人的抱怨。

而且，也只有這種人會說：

「為甚麼那些輕輕鬆鬆的人反而做得比較好？像我這樣賣命的人卻做不好？老天爺真是太不公平了！」

這些人的抱怨，我是這麼想的。

如果你「拚死」在做，不是早就做到死了嗎？

如果死了，怎麼繼續做下去呢？（笑）

反倒是輕輕鬆鬆的人可以做得好。因為「可以活著輕輕鬆鬆地做」啊！

做事情總是一副拚命三郎賣命的人，大部分都是把自己逼到極限做事的人。也就是說，這樣的人做事，絕對不會給自己留點餘地。

另一方面，一樣做事很努力，但是帶著笑臉開心做的人，是能夠衡量自己的底限，量力而為的人。這樣的人因為保有餘裕，反而能夠投入百分之百的精神做事。

其實，我也是一個愈使力去做，反而愈沒有辦法順利成功的人。

我從小學就開始打棒球。在小學和中學的時候，即使沒有太多的練習，只是玩一玩而已，也能夠當正式球員活躍在球場上。

但是，當我進入高中之後，情況瞬間逆轉。

我進的高中球隊，是一個每年都以進入甲子園為目標的球隊，每一位球員都是好手。面對這麼多的高手，我變得有點焦慮。為了跟上大家的實力，我也開始「夜間練習」，不管是跑步還是揮棒，每天晚上都不間斷地練習。如此拚命練習之下，總算得以保住正式球員的位置。

在當時，我拚命練習才有辦法保住這個位置。但是，球隊裏卻有人只是抱著玩玩的心情在打球，這樣的人卻也能夠當正式球員，在我看來，著實覺得很不可思議。

更不可思議的是，在我高中三年級的時候，有一位一年級的新生，一進來球隊，馬上就搶走我原本的位置。

當我知道這件事的時候，心裏的感覺是「我那麼努力，但是下場卻如此；這應該已經是我的極限了吧？」。在當時，我最熱愛的棒球反而變成我痛苦的來源。惡事接二連三，自己因為太過激烈地練球，反而受傷了。

「啊！大概都沒辦法打球了吧？」

結果，我高中的棒球生涯就這樣慘淡落幕。

因為我百分之百付出心力，所以愈做只會讓自己愈累，也沒有餘力再做下去。年輕時，百分之百付出心力卻付諸流水的回憶，可以把它當成是「青春時代的酸甜苦辣」。

但是出了社會之後，可就不一樣了。

因為已經沒有必要拚死拚活，配合誰的腳步了。

事情會因為自己是「一百公尺的短跑選手」或是「馬拉松選手」而有所不同。

如果馬拉松選手配合一百公尺的短跑選手，一開始就跑得飛快，相信一定也不會有甚麼好結果。

以下這個例子也是一樣的。

「那個人晉升比我快！」，然後自己心裏變得焦躁不安，反而開始拚命想做很多事情。我認為這樣的努力，其實沒有甚麼意義。

比方說，有一個工作，你如果拚命做，有可能一個星期可以完成。

各位會選擇怎麼回覆給對方？

「一個星期真的可以完成嗎？該怎麼辦呢？」心裏即使覺得不安，但是想到快點完成工作也許能夠獲得對方的讚賞，於是心一橫回覆：「一個星期完成它」？

或是回覆對方：「這個工作請給我兩個星期完成」，然後花個十天的時間提早完成它？

如果是我，我會選擇後者。

自己花了百分之百的努力，付費的客戶如果沒有感到十分滿意，你所做的努力是沒有意義的。

而且，如果你已經花費百分之百的努力，萬一遇到任何狀況需要修正時，你已經沒有餘力再去應付了。

但是，如果你只花費一半的精力完成，假使遇到任何問題，你還有一半的餘裕可以處理後續事宜。

不要太努力，先花一半的精力先做完，再慢慢將它修補調整到最好的程度。

「不管做任何事，都要為自己保留餘力。」

這樣的心態是很重要的！

Check!

即使你付出百分之百的力氣，但是對方沒有百分之百滿意的話，一切都沒有意義！

14 橡皮筋法則

過去我曾經因為買賣「白銀」而大賺一筆。

那是因為我的師父有一段時間持續買入白銀，所以我也模仿他，從二〇〇〇年左右開始持續買進。

從那時開始過了十年，我師父開始賣出白銀，我也跟著賣出。結果是白銀的價格比起二〇〇〇年的當時漲了四倍。

補充說明一下，我的師父從一九九二年就開始買入白銀。

如果是從一九九二年來計算的話，白銀的價格其實是漲了五倍。

有一天我問我師父：「您是怎麼看懂這個市場的？」

聽了我的問題，師父回答：

「不是我看懂這個市場。只是當時白銀的市場價格低於它本身應有的價值，所以我進場買入。而現在白銀的價格已經高於它本身的價格，所以我才把它賣出。我只是做了理所當然的事啊！」

師父又接著說：

「**投資家重視的是『價值』，而不是『價格』。因為價值是一定的，但是價格會隨著供需而有所起伏。所以，看到事物的『內在價值』是很重要的。**」

接下來，師父又教我一件很重要的事。

「**自然的原理就是，漲多必跌、跌多必漲，這就是『橡皮筋』法則**，你要謹記在心啊！」

橡皮筋，即使你把它拉得很開，它還是會回到它原本的形狀。而且你拉得愈開，彈回來的力道就愈大。

這就像是一家業績還不錯的公司，但是它的股價卻偏低。又如現在的日本，經濟明明就沒有很好，但是日圓卻升值。

如果價格低於價值，總有一天會漲回來；反過來說，如果價格高於價值，總有一天會跌回去。

這一切都像「橡皮筋」一樣，拉開後總是會再彈回原點的。

這麼說來，甚麼才是最重要的？

知道**哪裏才是橡皮筋會彈回的原點**，也就是要「看清楚真正的價值」才是最重要的事情。

現在一美元兌換多少日圓才適當呢？

也許你會覺得「一美元對一百日圓」才適當。

那麼對你來說，一百日圓就等於是「橡皮筋」的原點。

這麼一來，我們可以判斷，如果一美元兌換不到一百日圓的話，就表示美元太便宜；但是如果日圓超過一百，表示美元變貴了。

所以我們也可以這麼說，如果一美元對八十日圓的話，「橡皮筋」呈現向下拉的狀態。如果日圓一直不斷上漲，就像「橡皮筋」愈來愈往下拉，這樣的現象是沒有辦法持續很久的。所以我大膽預測，總有一天日圓應該也會猛烈回檔才是。

投資家最主要做的事，是判斷現在市場價格比商品本身的價值是高還是低，如果低的話就買，如果高的話就賣，就這麼簡單。

從一般人的角度來看，大家可能會覺得「他們比別人更快一步行動」。但是投資家並沒有像一些金融機構花大錢請有名的分析師，聽從他們的意見後才行動。他們是靠自己看到的事情進行判斷，先將風險降到最低之後才行動，所以，他們並不會「有所損失」。

Check!

降到谷底之後一定會向上反彈到原點；到高點之後一定會再向下拉回到原點。

不選擇A或B而是選擇C法則

管理學裏，有一則經常當成案例的小故事。

這個故事給我的啟發不只是在投資上，實際上在創業或是解決某些問題時，我也會時常想起這一則小故事。

有一個商人，某天來到一個南方某個小島，島上居住著原住民。

這些原住民們有穿衣服，但是卻沒有人穿鞋子。

如果你是這個商人，你會怎麼想？

A想：「因為沒有人穿鞋子，這是個商機啊！」，然後就決定要賣鞋子給這些原住民。

B想：「因為沒有人穿鞋子，這就表示沒有這個需求。鞋子應該賣不出去吧！」，然後決定不賣鞋子。

如果是你，會怎麼做？

是選擇A，還是選擇B呢？

如果讓投資家來選擇的話，答案不是A也不是B，他們會選擇C。

C是甚麼？那就是**免費提供鞋子，然後開修理鞋子的店**。

這又是為甚麼？

理由是，這些原住民說不定根本不知道鞋子究竟是甚麼。所以不管你怎麼低價出售鞋子，應該都不會有人跟你買。

所以，為了要讓他們先知道穿鞋子的好處，首先要做的是「給他們鞋子穿，帶起一股穿鞋的風潮」。

先培養出他們每天都要穿鞋的習慣，讓鞋子變成他們每天不可或缺的物品。

一旦他們養成穿鞋習慣，就會長時間穿鞋。這麼一來，就會產生鞋子穿久會開口笑或者是鞋底變薄的問題。

這時候，就會需要「修理鞋子的店」，來幫他們修鞋。

剛開始人們也許只會一直穿著同一雙鞋。漸漸地，有些人也許會想要一雙功能比較好的鞋，有些人也許會想要來一雙高級的鞋。還有下雨天的時候，也許有人也會開始想要一雙雨鞋。有了鞋子之後，說不定有人也會開始想要一雙襪子。

就像這樣，剛開始先給他們一雙鞋，創造出他們需要鞋子的環境。

先透過修鞋的方式，慢慢收取費用。最後延伸到賣鞋子的周邊商品，一步步賺錢。

這個跟過去賣手機的公司，用贈送手機的方式推銷是同樣的策略。

先將手機的使用率普及化，再營造出沒有手機就無法生活的環境。

之後，有些人為了追求不同的機種或是功能不同的手機，會願意付出額外的金錢去換取他們的需求。賣手機的公司就可以一步步賺錢。

如果你只是很短視地看「免費贈送鞋子」這件事，你也許會覺得「免費贈送不就虧很大？」但是，長遠一點來看，最終的結果是這個市場會逐漸擴大，而自己也可以慢慢開始賺錢。這才是最重要的！

投資家不會只著重在眼前的利益，他們看到的是整體利益。

而這也是因為他們在看事情時，都會先從「結果」開始想，才有辦法看到最終的整體利益。

另外，其實投資家的賺錢方式有分二種。

一種是所謂的「資本利得」，另一種則是「固定收益」。

所謂的「資本利得」是指如果不變賣手中的資產，是不會產生金錢的收益，例如買賣「股票」或是「不動產」。

所謂的「固定收益」，顧名思義就是定期可以得到的收益。以不動產為例，「收房租」就是固定收益。即使不出售自己手中的資產，也能夠獲得金錢收益。

再舉幾個例子來說明，各位就能更加了解。雞商如果是把肉雞賣掉賺錢的話，他就是賺「資本利得」的雞商。但是如果他養蛋雞，把雞蛋賣出去，那麼他就是賺「固定收益」的雞商。

車商進口凱迪拉克後出售，他賺的就是「資本利得」。

那麼，計程車公司呢？

同樣的進口汽車，但是不出售汽車，而是用汽車來載客賺錢，這就是賺「固定收益」。

頭腦裏想要賺「資本利得」的人，所擁有的就是「工作腦」（事業思考）。

而「投資腦」（致富思考）最主要想的，還是怎麼賺「固定收益」。

Check!

想賺錢，與其賣雞，還不如賣雞蛋！

16 男腦與女腦法則

大家應該常聽到一件事，那就是女性的思考模式與男性的思考模式顯著不同。**女性首先要求的是「共鳴」，但是男性首先要求卻是「結論」**。

所以，如果你為了某件事要說服某個人，有個部分很重要。那就是要看對方是男性還是女性，再判斷說話的順序。

跟女性朋友說話的時候，可能必須細說從頭。她們其實追求理論，如果沒有辦法按照順序說明讓她們可以接受，話題可能就無法繼續下去。再加上女性朋友們很不喜歡還沒有理解就直接跳到下一個話題，所以一定要「因為○○，所以△△。結果就變成這個樣子」，按照順序說明才行。也因為她們非常重視順序，透過這種說明的過程才有辦法獲得她們的「共鳴」。

反過來，和男性朋友在談話時可能要從「結論」談起。

如果你對著男性朋友細說從頭，反而他會覺得「為甚麼要從開始說起？你到底想說甚麼啊？」然後開始感到不耐煩。

但是如果從「結論」開始說，因為一開始已經知道結論，他們也會比較有耐心聽到最後。

上述的例子，雖然一開始提到是男女的不同，但是，我並不覺得跟性別有絕對的關係，反倒是跟談話對方的個性有關。如果對方是個比較女性化的男性，你大可用與女性談話的方式跟他對談。

很會說話的人，或是說話技術一流的人，都會善用這個技巧。

因為**即使你知道再怎麼重要的情報，如果無法「正確傳達給對方」，這一切都沒有意義**。因此，說話的順序也變得很重要。

有些人會說，「為甚麼他（她）會聽不懂我在說甚麼？」。照我來看，這並不是對方的錯，而是抱怨這句話的人本身的問題。因為講者並沒有配合聽者的思考模式傳達的緣故。

所以，說話不能只是千篇一律。要看對方是誰，或是對方是怎樣的角色改變說話方式，這是很重要的！

Check!

說話時，如果聽者是女性，則按照順序說明；如果聽者是男性，則是從結論說起！

【步驟二】

培養「投資腦」的習慣養成術

只要稍微改變一下看事情的角度，
成為下一個幸運兒的人就是你！

17 二・六・二法則

不管是公司或是學校等，只要有很多人集合成一個團體，通常都可以把這個團體分類成三種人。

一種是我們認為很「優秀」的人；再來是占大多數的「普通」人；最後一種是被認為比較差、看起來似乎「沒用」的人。

通常這三種人的比例，大約是二比六比二。

我觀察到的是，大部分的人會忽視那二成「沒用」的人，把重心都放在其他二成比較優秀或是六成普通人身上。

但是就我來看，我覺得實在是太浪費資源了！

因為我認為會不會好好利用那些「沒用」的人，才是企業是否能夠更上一層樓的關鍵。因為應該會有方法來活用這些「沒用」的人才是。

特別是因為有這些「沒用」的人存在，一般普通人才會有動力活下去。剛才也有提到，一般「普通」人就占了所有人的六成。而這些普通人為了不輸給二成「沒用」的人，就只能不斷努力。這是「沒用」的人所帶給大家的功效之一。

此外，即使是「沒用」的人，也可以有用到他們的時候。

特別是當自家公司狀態變差的時候，最後會存活下來的人就是這些人。

公司型態其實分成二種。一是「本質好的公司」，二是「本質不好的公司」。「本質好的公司」指的是平時大家看起來都各做各的事，但是公司發生事情的時候反而能夠很團結。但是「本質不好的公司」剛好相反，平常看起來好像很團結，當公司真的發生事情的時候，每個人大難來時各自飛，根本沒有所謂團結這回事。

我的公司就曾經遇到這樣的事。

公司的業績持續惡化時，許多我們認為是「優秀」的員工都先後離職了。而且大部分都是被對手公司給挖角。因為優秀的人才留不住，公司的業績也愈來愈惡化，整個公司四分五裂，營運狀況很差。說來慚愧，我的公司就是屬於「本質不好的公司」。

但是在這個時刻，這些「沒用」的人即使想跳槽到其他公司也沒有辦法。所以即便公司的業績愈來愈差，他們仍舊沒有離職，繼續留在公司裏。

那麼，他們真的就像大家想的那麼「沒用」嗎？難道都沒有辦法改變嗎？

那倒也不是。我試著把他們放在某些重要職位，而那些職位的前員工原本都是些「優秀」的人。結果卻出乎我意料，這些「沒用」的人其實做得也不錯！

一直以來，我們對這些「沒用」的人存在著刻板印象，認為他們一定做不來，所以把職位讓給所謂「優秀」的人。反倒是這些「沒用」的人都被晾在一旁，沒有機會可以發揮他們的能力。沒有空間讓「沒用」的人發揮，經營者其實要負最大的責任。

因為在公司完全沒有受到別人的期待，所以他們也就變得愈來愈自卑、愈來愈「沒用」。

有了這次經驗我才深刻的感受到，如果給這些「沒用」的人有發揮的舞台，他們的表現不見得比別人差！

所以，即使你遇到了能力較差的人，請不要放棄他們，而是盡可能想辦法讓他們也可以發揮所長。

而這樣的想法是「投資腦」裏應該要有的思考。

因為「投資腦」所思考的**並不是「刪除多餘」，而是要思考如何「善用多餘，化腐朽為神奇」！**

Check!

組織的生死關鍵之一，在於如何善用「沒用」的人。

18 資訊重質不重量法則

隨著時代變遷以及網路的普及，我們可以及時收到來自世界各地的所有消息，我們也可以透過部落格或上傳動畫的方式，分享自己要傳達給他人的訊息。不只如此，各領域的人也可以透過網路，交流業界相關的「小道消息」。

也因為網路的關係，過去從來無法得知的消息，都可以透過網路飄洋過海及時得知。

跟過去比起來，我們現在可以免費得到的「資訊」太多，每天所收到的「資訊量」也比以往暴增。

生活在現今社會，「資訊」對我們來是很重要的。

但是從某個方面來說，這些「資訊」對我們來說也是很危險的。

「資訊」有時可以救人，有時也會奪命。

「資訊」也有可能會「洗腦」我們對事情的看法。

曾經在全世界造成轟動的網站「維基解密」（WikiLeaks），它透過網路公開機密文件，其威力足以動搖國本。

也就是說，如果「資訊」站在你這一邊，你就可以獲得最強大的力量。相反地，如果是對手擁有「資訊」這個武器，情況可能會變得很麻煩。

那麼，要如何才能運用「資訊」呢？

答案是，得到「真正的資訊」。

那麼，甚麼是「真正的資訊」？

以下是我在美國時，跟一位前輩學習到的事。

有一次，前輩拜託我整理一份文件。

當我整理好文件交給前輩時，他隨口問了我一句：「資料來源是？」。

我回答：「今天早上的報紙。」

沒想到前輩突然大發雷霆：「你怎麼那麼笨？這種消息全世界大家都知道，我還需要你整理嗎？」他接著說：「這只算是單純的剪報，我要你看了這些消息之後整理的情報，那才是『真正的資訊』。你重新把這些消息用腦袋仔細想過之後再拿來給我！我要的是情報而不是資訊。」

換句話說，前輩所要教我的是：**「過去與現在正在發生的消息，其實不過是能夠預測未來的資訊。」**

報紙上所寫的「原油價格高漲！」，只不過是在訴說「結果」。而且這個「結果」已經不可能再改變。

但是，這個結果所帶來的影響是甚麼？需要採取甚麼對策？說不定在這個消息裏隱藏一個絕佳的賺錢機會。

也就是說，「今後會在甚麼地方有甚麼樣的影響？」，看到消息時，就要聯想到未來可能會發生的事情。

例如剛剛舉的例子，**「原油價格持續高漲」**，那麼接下來可以想到的是：

↓汽油的價格也要上漲
↓汽車業的業績下滑
↓市場上有四成的白金用在汽車排氣管上

↓白金的需求減少

↓白金的價格下滑……等

另外，前輩還教了我一件事。「資訊」會變成良藥還是毒藥，端看你怎麼使用它。有時候「資訊」是為了要騙人，才會被放出到市面上。有時候為了一些商場上的利益或是宗教的勸誘，也會把「洗腦為目的」的「資訊」流出市面。

所以我們要學習不被欺騙與誘導，讓「資訊」能夠成為我們最大的助手，此時謹慎選擇「資訊」是很重要的。

就像這樣，今後我們所追求的不再是單純的「Information（資訊）」，而是「Intelligence（情報）」。這兩者有何不同？

資訊，大家隨手可得；情報，得自於可以信賴的人。

在這裏補充說明一件事，美國的情報機關ＣＩＡ（美國中央情報局）的全名就叫Central Intelligence Agency。ＣＩＡ中間的I並不是Information（資訊），而是Intelligence（情報）。

我們這群投資家平常也蒐集很多資訊，其中我們最在乎的是「情報是從哪裏來的？」，而不是「有甚麼可以投資的？」因為，資訊到底能不能信任，最主要還是以它的來源來判斷。

投資家非常明白知道一件事，那就是不認識的人不可能會帶來好的投資消息。理由很簡單，如果你有一個好消息可以讓大家賺錢，你會讓自己身邊的人知道，還是告訴一個你不認識的人？所以，一個不認識你的人要來跟你談投資，這「絕對有問題」！

再來，如果你完全相信電視新聞所說的話，那也是很危險的一件事。

特別是日本的媒體被外界稱之為「垃圾媒體」，在全世界的評價是很低的。

有些人會支付高額費用透過媒體傳遞消息（業配新聞），既然會花錢就表示有它的目的。

所以我們在看電視新聞時並不能完全相信「電視或報紙傳達的消息都是對的！」，反而要思考「這則新聞背後到底有甚麼目的？」。

例如，已故的利比亞領導人格達費（Muammar Muhammad Abu Minyar al-Gaddafi，一九四二至二〇一一年），他被日本的媒體報導成殘暴的獨裁者。但是其實他在利比亞或是在非洲各國的評價很好，甚至被稱做是「英雄」。所在的地方不同，對於同一個人的評價也就有很大的不同。

所以，我們不能只相信片面之詞。

有時候，「相反的意見」也很重要。

義大利的政治思想家馬基維利（Niccolò Machiavelli，一四六九至一五二七年）曾說：**「如果你想要去天國，最有效的方式，就是熟知要去地獄的路。」**

日本國內的新聞，美國的CNN或NBC，英國的BBC，共同通信社（Kyodo News）或是半島電視台（Al Jazeera），這些媒體所播的新聞大多偏西方色彩。

所以我的習慣是，一定也會去調閱並比較那些與歐美大國對抗的國家，例如俄羅斯或伊朗的新聞報導。然後，從中判斷何者才是所謂「真正的資訊」。

Check!

比起「資訊內容」，更重要的是「情報來源」！

19 潛意識法則

英文的「mastermind」，指的就是所謂的「潛意識」。

大家說不定也曾經有聽說過，如果想要改變自己的「行為」，首先就要先從改變自己的「意識」開始。

也就是說，如果你想要改變習慣，但是沒有從改變自己的意識著手，這個習慣是不可能會有所改變的。

舉個例子來說，假設今天某個人開車出了車禍，換一部新車開。

即使換了新車，如果那個人沒有「下次開車要注意，不要再出車禍了！」的意識，我相信甚麼都不會改變。

剩下的，端看甚麼時候再發生車禍而已。

所以，「意識」是個很重要的關鍵。

要如何改變我們的「潛意識」，是很重要的。

我曾經聽說「人的一天要思考六萬次」。

也就是說，人一個小時思考二千五百次，換算一下，一分鐘大約思考四十一次。

另外，補充說明一下，這麼多次的思考，其實大部分都是負面思考。

另外，人腦一天會反覆的「自問自答」十萬次。你沒看錯，就是十萬次！

簡單換算一下，也就是一小時四千一百六十六次，一分鐘約自問自答七十次。

大家應該也沒有意識到自己一天會思考以及自問自答那麼多次。在無意識的狀況之下，人類會有這麼多次的思考與自問自答。如果可以利用自己的「潛意識」，對我們的人生也許可以產生很大的影響。

改變意識，行為就會跟著改變。

改變行為，習慣就會跟著改變。

改變習慣，環境就會跟著改變。

改變環境，周圍就會跟著改變。

改變周圍，人生就會跟著改變。

不管是多麼小的改變，只要積少成多，也會讓我們的意識逐漸改變。

要改變自己的意識，最重要的是將自己的「目標」明確化。

有些人閱讀很多成功者寫的書，但是他們卻一直無法成功。理由是甚麼？

那是因為他們沒有明確化自己的「目標」。比方說，「成功之後可以做甚麼？」或是「成功之後想要做甚麼？」。

很多人都想要減肥，但總是無法成功，也是同樣的道理。

如果減肥成功，穿上漂亮的衣服會顯得好看，自己也會覺得很開心！

開心完了，然後呢？如果之後再也沒有下一個「目標」準備完成，應該就到此為止。

但是，如果穿漂亮的衣服，是「為了要讓自己喜歡的人多看自己一眼」。擁有這個目標的女性，相信減肥的動機大於前者。而且我也相信，減肥成功的機率一定會提高。

同樣地，有時候我們會發現，再怎麼苦口婆心勸孩子念書，他們就是不聽，不念就是不念。這也是因為沒有將「目標」明確化的關係。

如果這些孩子們對將來有明確的目標，例如「我將來要當醫生」或「我以後要當老師」，那麼他們自動自發念書的機率也會變高。

但是，如果這些孩子們只是潛意識覺得「不念書會挨罵！」，那麼念書這個行為大概很難變成習慣。

同樣的方式，其實也可以應用在賺錢上。

因為賺錢也是為了要達成某個目的。但是如果連賺錢本身的「目的」都不夠明確，也就不會有很強的動力想要賺錢。

比起只是單純地想著：「我要變成有錢人！」更重要的是自己要明確地思考「變成有錢人之後要做甚麼事」。

我其實是個很會活用「潛意識」的人。

當我對某個生意產生興趣時，我會先勾勒一幅「藍圖」，也就是說，以可視化的方式呈現我想要做的事情，而且設定具體的目標。

我也會時常幻想「當我達到這個目標時，我會變成怎麼樣的人？享受成功喜悅的自己，會住在怎麼樣的房子？開甚麼樣的車子？」等。

另外，我也養成一個好習慣，那就是一個星期至少要一次，花二至三小時閉上雙眼，給自己想像的時間，我稱之為「掃除心靈垃圾的時間」。

其實並沒有做甚麼，只是關掉電視，讓自己的腦袋呈現放空的狀態。有時候如果想要換個環境的話，我就會去泡溫泉，或是前往海邊散心。

不管再怎麼忙，我一定會撥出時間做這件事。因為這對我來說，也是個「定期」一定要做的工作。各位讀者也許會覺得很「浪費時間」。但是對我來說，如果沒有讓自己放空，心裏會很不暢快。對我來說，這已經是個不可或缺的習慣了！

話說到這裏，我們再回到剛剛談的「潛意識」。

我們每天從早到晚其實都不斷地做選擇。

早餐要吃甚麼？吃飯還是吃麵包？

今天要繫紅色領帶，還是深藍色領帶？

A案好還是B案好？

有時候沒有辦法立刻做決定，就陷入選擇的迷團之中。

像這種時候，你會選擇哪一個？

如果你的「潛意識」很「負面」的話，我相信你的選擇應該也會很「負面」。一連串的「負面」選擇，也就把你自己帶往負面的人生了。

所以，當自己陷入選擇的兩難時，我選擇的方式是，挑選一個會讓自己覺得「很興奮」的答案。

那如果二個都勾不起自己的「興奮感」，那就不選了！

理由是因為，如果自己提不起興趣勉強去做，我相信事情一定無法持續。而事情無法持久做下去的話，我相信一定也不會有好的結果。

話雖如此，但總是有很多讓自己很討厭，但是也不得不做的工作。分享一個我的做法給大家，那就是從這個討人厭的事情當中，勉強找出讓自己覺得「興奮或開心」的事吧！（笑）

假設，如果讓自己覺得「興奮」的事有二件以上的話，那該怎麼辦？

答案是，選擇那個「比較難以達成」的事。

理由很簡單，因為很難達成，所以當你達成的時候，成就感也會加倍，而且對於自我成長也會有幫助！

Check!

如果想要改變意識，先從明確化自己的目標開始！

20 你想要甚麼法則

我有個習慣，在與人接觸的時候，很自然會想「這個人想要甚麼？這個人到底在期待些甚麼？」

也就是會在心中默默詢問對方：「你想要甚麼？」（What do you want?）

這也是成為投資家之前很重要的訓練。

例如，在某個地方有個很好的投資案。當這個案子找上自己時，我會先想：「這麼多人可以選擇，為甚麼會挑上我？」

另外，假設今天有某個專案，跟這個專案有相關的所有人，我會逐一表列，然後去思考這些人他們想從這個專案裏得到甚麼。

思考這個問題，是因為每一個人想從這個專案得到的目的都不大一樣。

說不定有些人會認為：「雖然拿到的報酬不高，但是可以得到一些績效」。

說不定有些人在心裏打壞主意：「剛好利用這個專案來打擊某個人，讓他丟臉！」。

當然，說不定有些人會想要「藉由這個專案拓展『人脈』」。

正因為大家心裏想的都不一樣，整理好每個人的目的後，就可以避掉因為「想法不同」，或是「處理不妥」而產生人際關係的問題。

有名的投資家華倫・巴菲特（Warren Edward Buffett）曾經說過這麼一句話：

「與其去想要怎麼解決麻煩，一開始就避開麻煩會比較簡單！」

了解對方所想要的目的，可以更清楚知道自己該如何處理或因應。

所以，要時常訓練自己用「俯瞰」的方式「客觀看待所有事」。

這是培養「投資腦」（致富思考）非常重要的關鍵。

其實，我認為日本人非常擅長用第三者的視線，俯瞰所有的事情。

為甚麼這樣說？各位請回想一些我們小時候讀的童話故事書就可以知道。世界各國的故事，大部分是用主角（第一人稱）的觀點在說故事。日本的童話故事，都是用第三人稱（或者是神）的角度在說故事。例如大家耳熟能詳的桃太郎，一開始就是「很久很久以前，有個地方住著一位老公公和一位老婆婆……」

也就是說，其實日本人從很久以前就會用「俯瞰」方式來看所有事物。

那麼，難道各位不想活用這個與生俱來的技能嗎？

不管是甚麼事，首先都試著思考和了解對方的目的吧！

只要養成這個思考的習慣，我相信從中衍生出來的商機無限！

Check!

首先思考「對方到底想要甚麼？」

動物園裏的獅子法則

大家都知道，動物園裏的獅子被關在「籠子」裏。

這是為了要保護我們人類嗎？

還是為了要保護獅子？

一般來說，大家應該會認為，動物園為了防止獅子攻擊人類，所以才會把牠們關在「籠子」裏。

但是，我們也可以用另一種方式思考。

動物園裏養的獅子，每天在固定的時間，都會有人負責餵食，牠們也理所當然地吃著塊狀的生肉。

牠們和一般的野生獅子不同，他們不需要獵食動物，也不用擔心沒食物可吃的問題。

所以，如果把這些獅子放出籠外，會發生甚麼事？

現成的塊狀生肉，在自然界並不存在。

這些獅子即使看到活生生的牛，牠們應該不會知道那是平常自己在吃的肉。

即使看到田園裏的蔬菜，牠們也不會聯想到那是平常他們所吃的紅蘿蔔與洋蔥。

由此可以判斷，牠們如果被放出來的話，大概也找不到平常自己所吃到的食物吧！

如果是從這個角度來想的話，其實某方面來看，籠子是為了保護獅子。

事實上，如果沒有從「籠子」將獅子放出來的話，應該也不會發現這樣的事。

當牠們從「籠子」被釋放出來時，也許剛開始會有「啊！我自由了！」的喜悅。之後才有可能會發現，沒有「籠子」的牠們，根本無法生存下去！

而動物園的獅子，其實就和現在的日本人很像。

為甚麼這麼說？

其實，過去日本透過法律這個「籠子」保護自己，不被「外資」這個敵人襲襲。

但是在一九九六年發起「金融大改革」（譯註：Big Bang，由當時的日本首相橋本龍太郎指示日本大藏省，針對日本金融體制進行改革。），在進行大規模的金融制度改革之後，這個原本保護日本的「籠子」有一部分已經崩壞。

再加上最近日本要加入「泛太平洋戰略經濟夥伴關係協定」（譯註：由新加坡倡議，全名Trans-Pacific Strategic Economic Partnership Agreement，簡稱ＴＰＰ），各界議論紛紛，這也是加速摧毀「籠子」的推手。

透過全球化，大夥進行「自由貿易」其實是好事。但是，自由的世界背後代表的意思其實就是，強者也被釋放獲得自由了。

對於弱者來說，沒有甚麼比這個消息更糟糕了！

同樣的想法，我們來看看「投資」的世界。

日本人被餵食一種叫做「投資信託」的食物。

但是我們如何知道這個「加工食品」的「原型」呢？

以前，日本被也被餵食過一種叫「次級房貸」的毒果汁。

這裏面摻了甚麼，你知道嗎？

所謂的「衍生性商品」非常的複雜，只要中間走錯一步，之後發展的結果可能連創始人都無法理解。它就是這麼高科技的產品！

上述這樣的商品，就被當成是處理好的食物（塊狀生肉），餵給甚麼都不知道的日本人（籠子裏的獅子）。

在這個保護日本人的「籠子」逐漸被拆除後，大家開始要面臨這個「弱肉強食」的時代，我們有辦法繼續存活下去嗎？

正因為是這樣的時代，我們每一個人才必須要學習甚麼叫做「真正的知識」！

Check!

你知道自己買的金融商品裏面「裝」的是甚麼嗎？

時間成本法則

在進入正題前，請各位先想像一下。

今天你很幸運地中獎。

獎品是每天都匯八萬六千四百元到你的個人帳戶。

但是，這個獎品附帶一個條件。

那就是錢只能放在你的戶頭一天。只要時間一到，前一天的金額就會「歸零」。

也就是說，你只能用掉這筆錢，沒有辦法把它存下來。

那麼，你會怎麼使用它？

大家一定會覺得很奇怪，怎麼會是八萬六千四百這個數字？

事實上，我們把一天二十四小時換算成「秒數」的話，就是這個數字。

一天總共有八萬六千四百秒。如果用「一秒一元」來計算的話，那麼一天二十四小時就是八萬六千四百元。

而且，它沒有辦法存下來。

也許各位會覺得時間是「免費」的，但是，事情絕對不是這樣。

簡單來說，大家用自己的「時間」，也就是使用「生命的一部分」提供「勞動力」，來換取「金錢」。

所以，這麼貴重的「時間」，應該要好好利用，然後必須把利用它之後的結果留給「未來」才是。

但是我認為，**日本人很沒有「時間成本」這個概念**。

例如，某位主婦看到一間超市特賣的宣傳單：

「啊，比起附近的A超市，沒想到B超市的香腸便宜十五日圓，真是太划算了！」，然後，特地騎著單車到B超市，購買便宜十五日圓的香腸。

問題來了，這筆交易真的划算嗎？

的確，如果到B超市去買，可以賺到十五日圓。但是，騎單車到B超市的「時間」，卻沒有把它換算成「成本」計算進去。

如果到A超市只需要花費半小時，但是到B超市卻需要花費一小時。簡單來說，就是花了二倍的時間成本。

如果是這麼想，那位主婦也許就不會覺得「划算」了！

我師父曾經教我一件事。

他讓我看著沙漏，同時問我：

「如果你的人生只剩下這些，你要怎麼辦？」

我看著沙漏裏的沙一直流下去，上方的沙量也愈來愈少。我依然記得，我覺得自己已經沒有多餘的時間可以浪費了。當時的我連睡覺的時間都覺得可惜，總覺得要利用時間來做些甚麼。

實際上，我覺得時間真的也像這沙漏。

也許眼睛看不到它的流逝，但是它絕對不是無限量的。就像現在，其實「時間」也是一點一滴流逝。

然後，這些都是「成本」。

我們要學習把時間當成「金錢」思考，看事情的角度也會跟著改變！

Check!

把「把一天看成當天就必須花光的八萬六千四百元」，你看事情的角度也會跟著改變！

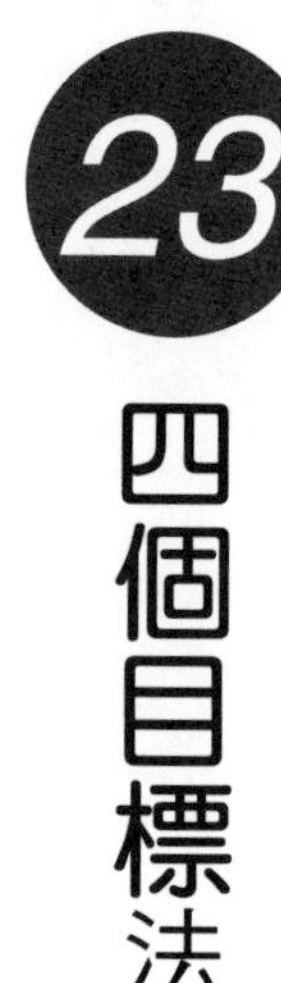

四個目標法則

我在前章中有和各位提過，所有事要「從結果與出口開始反推思考」。其實經營一間公司也是一樣的。

我在某些研討會演講時，面對一些公司的經營者，我一定會問他們幾個問題。

你的公司最終目標在哪裏？

這間公司要經營到甚麼時候？

這些經營者，是否有認真考慮過公司的「出口」？

如果他們的回答是「盡可能擴大公司規模」或是「經營到公司倒閉為止」的話，說實在的，也不大需要設計甚麼策略。

公司未來的出口，其實大致上分為以下四種：

・上市、上櫃
・出售
・清算
・交棒

但是，「清算」指的就是公司倒閉。在公司創立的時候，應該不會一開始就有人把目標設定在公司倒閉吧！所以，大致上會從其他的三種結果思考。

「上市、上櫃」，這個目標實行的難度是非常高的。

「交棒」這個方式也是可行，但是找不找得到接棒者是一個問題，有時候，也不一定可以那麼順利。

所以，以公司最後的「出口」來看，最實際的方式應該就是「出售」。

我開始要設立公司時，首先思考的就是**「要把它賣給誰最好？」**。

但是，我必須承認一件事。那就是對日本人來說，他們並不習慣「出售」公司。

特別是自己親手設立的公司要出售給別人，是日籍經營者很難想像的事。

但是，出售一手創立的公司，這件事在歐美卻是非常普遍。

例如，有某間動畫網頁的開發商，他們剛開始設定的公司目標，就是將公司賣給「大型的入口網站」。最後，他們也達成目標，成功出售公司。

所以，你要把自己設立的公司賣給誰呢？

投資家首先會思考的，就是「出售」這件事。

例如，今天成立一間小型的車行。

如果經營者是日本人的話，他們一定會這麼想，

「讓我們成為下一個豐田汽車（TOYOTA）吧！」或「讓我們成為豐田第二吧！」。

不管是哪一個目標，都是難度很高，很難達成的目標。

在這個時候，設定目標並不是要將公司變成像豐田汽車那樣，而是要將出口設定為「成為豐田汽車想要買的公司」。

然後，你必須要徹底研究豐田汽車。「豐田汽車目前期望的汽車零件是甚麼？」「豐田汽車比較弱的領域是甚麼？」「豐田汽車還沒有參與的領域是哪一塊？」，徹底研究後，成立豐田汽車「想擁有」「想要買」的小公司，最後出售給他們。

成立小公司，讓公司的營運上軌道之後賣出。然後再成立下一家公司再賣出。只要你熟悉這樣的作業模式，即使是一個人也能夠創業。

就像這樣，如果要經營一間公司的話，請事先考慮一下這「四個出口」吧！

Check!

與其成立「像豐田汽車一樣的公司」，不如成立一間「豐田汽車想要買的公司」吧！

24 超級明星法則

有些公司的社長擁有「非凡的領導力」，大家都以他為中心運轉。撇開一些大型的公司，公司的社長如果是那種「超級明星」，基本上我不會投資這種公司。

「咦？如果公司社長擁有非凡的領導力，像明星一樣引領大家努力工作，那不是很好嗎？」，也許有些人會這麼想。

但是，請各位換個角度思考看看。

如果那樣的公司少了這位「超級明星」社長，會變成怎樣？

其實有很多這樣的公司，當公司少了「超級明星」之後，營運就開始走下坡。理由是甚麼？因為有這個人，公司才有辦法存在，這個人對公司的影響太大了。

對我來說，公司組織最重要的是保持「平衡」。

只有一個人表現特別突出的話，那就失衡了。

從這個觀點來看，公司裏有一位「超級明星」社長，我並不認為如此一來，公司組織得以維持平衡。如果這個重量級人物突然不見了，公司該怎麼辦？我的猜測是，大概就沒辦法再繼續營運下去。如果這個人對公司的影響很大，萬一公司沒有這個人，對公司的影響也很大。

但是，「名聲」這二個字，對日本人來說有種莫名的吸引力。「如果那個人在，一定沒問題。」「因為是那間有名的公司，所以沒問題。」只要有名聲，大家就會產生莫名的信任感。

不過，這樣的信任感到底是從哪裏來的？

而且，這不單只是公司組織會有這種現象，在很多事情上也會有這種現象產生。各位可以想像一下在「箱根驛傳」（譯註：指的是每年在日本箱根所舉辦的長程大隊接力賽）」或是「甲子園高校棒球賽」時的情況，可能會更了解。

比方說，有某個明星選手在某個團隊裏，那個人還在的時候，團隊應該都沒問題。但是，如果那個團隊太過依賴那位明星選手，大部分的結果都是明星選手離開之後，團隊也沒有辦法再維持下去。

所以說，如果團隊裏面只有一個人特別厲害，其他人普普通通；另一個團隊則是沒有人特別厲害，但是，每個人都得以發揮所長。在我來看，後者的團隊應該會比前者強。

同樣地，公司裏如果要成立一個特別小組，如果那個小組都只依靠一位明星員工，那是非常危險的。

不管任何事，都要維持「平衡」。

所以，今後如果聽到「超級明星」的「名聲響亮」，千萬不要覺得對方很值得信賴，反而要喚起自己的「危機意識」，審慎判斷事實。

Check!

比起有「超級明星」的隊伍，「每個人實力平均」的隊伍才會獲勝！

電鍋與保溫鍋法則

有一間日式定食店，每天差不多都會有五十名客人。

有一天，電視台「好吃定食餐廳特訪」的節目中，這間店也在其中，引起非常大的迴響。

由於電視節目的加持，本來一天只有五十名客人，突然一天增加至二百位客人。之後，客人也一直絡繹不絕。

在這裏，要請教各位一個問題。

如果你是店老闆，你會怎麼做？

你會買一個可以煮二百人份的電鍋，還是有其他的因應之道？

如果是我的話，我會先買一個「保溫鍋」。

然後，用五十人份的電鍋煮四次，把煮好的飯放入保溫鍋中。

為甚麼？

萬一電視節目報導的熱潮退燒之後，本來每天來二百人，之後變成只來一百人，或者又回到原本五十人時，應該要怎麼辦？這是我們必須要思考的問題。

如果來客數逐漸變少，但是你卻買了可以煮二百人份的電鍋，會變成怎樣？

這個二百人份的電鍋就沒有用了！

但是，如果你買的是保溫鍋，就可以調節飯量，還是可以繼續使用。

上述的例子，可以把它套用在「事業」以及「投資」上。

「事業」是「電鍋」，

「投資」是「保溫鍋」。

擁有「工作腦」的人，他想到的是要煮更多的飯，所以，一心只想著把電鍋愈換愈大。

事業擴張時會需要投資設備，但是事業如果停止擴張，此時留下來的只有當時投資的設備。

但是擁有「投資腦」（致富思考）的人，他會將「事業」這個「電鍋」所獲得的金錢，放入「投資」這個「保溫鍋」裏。

也就是說，投資家不會只有想到賺錢，也會同時考慮到如何把賺來的錢「保存」下來。

我在二十七歲時，事業上經歷一場很大的失敗。

當我的事業蒸蒸日上，收益愈來愈高時，自己也覺得非常得意。於是把原本的辦公室換到一個更高級的地方，房租是原本的五倍。不僅如此，也大舉徵才，企圖擴大事業版圖。

換句話說，我把錢過度放在設備投資上。

但是短短的數年間，手中經營的這個事業卻突然遭遇到不景氣。當時實在是很辛苦，因為房租付的是過去的五倍，人事費用也大增。當我一直在加大我的「電鍋」，但是收益卻沒有增加時，留下的只剩下這些設備。而且，每個月還要持續花錢維護這些設備。

後來，我把位於高級地段辦公室的租約提前解約，回到原本交通不便的狹小辦公室。

「早知道，就應該把以前賺的錢存起來！」自己雖然很後悔，但是「千金難買早知道，萬般無奈沒想到」。當初因為業績很好、賺很多錢，所以根本不會想到這些。只有想到要怎麼花掉自己賺的錢，卻沒有想到該如何已經把賺到手的錢「存下來」。

所以，當你真的成功開創事業時，千萬別只想到要花錢投資設備，也要考慮到「萬一」。好好保存賺到的錢，用在「萬一」上，這是很重要的！

Check!

不要只想賺錢，而是要思考如何留住賺到的錢！

不是有錢人的理財專家法則

聽到「理財專家」這四個字，你會想到怎麼樣的人？

大多聯想到的是在證券公司、投資公司、或是在銀行工作的人吧！

但是，他們真的都是「理財專家」嗎？

在這裏很明確地告訴大家，他們不是。他們只是「銷售員」而已。

的確，比起一般的上班族，這些在金融公司上班的人薪水比較高。但是，這仍然沒有改變他們仍是「上班族」的事實。因為，他們的薪資也是公司發給他們的。

正確地說，像證券業務員這種職業並非「理財專家」，而是**「透過販售金融商品抽取佣金或賺取手續費的專家」**。

重點是，他們其實沒有比有錢人來得有錢。

那麼，為甚麼這些人能夠來指導大家「如何賺錢」呢？

舉個簡單的例子：如果有一個人打高爾夫球打得比你差，你會請他來教你如何打球嗎？我想應該不會吧！其實賺錢和打球是一樣的啊！

正確地說，那些人其實是「金融商品銷售員」。

所謂的金融商品銷售員，指的就是提供位居金字塔頂端客層的有錢人運用資產的意見，推銷自家公司的金融商品後，收取手續費的人。

例如在證券公司工作的業務員或是分析師、推銷投資信託的銀行員、掛有「理財規畫師」頭銜的保險專員等等，他們都是屬於金融商品銷售員。

不管是哪一種，他們都是透過「投資研修課程」招生。美其名是教授投資課程，主要目的是利用大家對於投資的無知與恐懼，推銷對自家有利的金融商品。

所以，他們絕對不會提到對自己不利的事。

他們之所以可以做這樣的事，也是因為日本的投資教育並沒有「連貫性」，沒有人傳授正確的理財觀念和投資知識的緣故。

例如，賣股票的公司，在他們主辦的投資研修課程上，他們只會說「往後投資股票的績效會最好！」；如果是賣FX（外匯交易）的公司，在他們主辦的投資研修課程上，一定也只會說：「今後會成長的一定是FX！」；如果是賣海外金融商品的公司，他們一定會說：「日本說不定會破產，把錢移到海外比較好！」。

因此，沒有正確了解投資的人，就會像這樣受到那些金融商品銷售員唬得團團轉，有些人就到所謂的「避稅天堂」，例如新加坡等地方開戶頭。有些人根本沒有賺多少錢，就想著要怎麼避稅。有些人自己根本不需要，也在瑞士開個「私人帳戶」等等。說實在話，像「避稅天堂」或「私人帳戶」等等的戶頭，是真正富有的人才有需要。對一般人來說根本就沒有必要。

所以，為了不被那些金融商品銷售員洗腦，大家要做的一件事就是，不要再相信他們就是所謂的「理財專家」了！

Check!

證券業務員們並非「理財專家」，他們只是「金融商品銷售員」！

二分之一的N次方法則

也許有很多人會認為，「一個人創業很不安，還是找人一起共同創業好了」。其實，我覺得與另一個人共同創業，可以很順利的例子並不多。即使剛開始還不錯，通常到中途就會出現問題，最後無疾而終。而且，通常一開始都會覺得，找另一個人共同創業能夠互補自己的缺點。但是，結果通常都會產生反效果。

這到底是為甚麼？

因為人都是不完美的。所以雙方實力都是「半桶水」的人，合在一起也不代表一定會成為「一桶水」。

雖然大家都覺得「二分之一加二分之一等於一」，但是，很多時候最後的結果大都成為「二分之一的二次方」；也就是說，二人一起創業，不但沒有壯大力量，反而彼此削弱能力，結果成為四分之一。

要能達到互補對方的缺點，前提是雙方都得具備堅強的實力才行。

和各位分享一件事，其實，我在大學的時候曾經負債一千九百萬日圓。

當時，我打算和二位朋友一起創業。我們花了三百萬日圓買了一間公司，後來決定由我先出資買下。

但是沒想到，買下這間公司後才發現，這間公司負債一千六百萬日圓。到頭來才發現被騙了！花了三百萬日圓買了一間負債一千六百萬日圓的公司。

本來，當初決定「三個人共同創業」，照理說應該要團結三人的力量，一起償還這筆錢才對！至少，我心裏是這麼想的。

但是，現實總是殘酷。合夥的那二人只有剛開始稍微幫忙公司的事，但是到後來他們開始有「我們又沒有出錢，和我們沒關係。」的心態，最後就丟下我了。

那時，我默默地在心裏發誓：「以後絕對不要再和別人一起合夥做生意了！」

就這樣，三個實力「半桶水」的人集合在一起，結果不但沒有成為「三」，反而成為二分之一的三次方，也就是三人合夥做生意，結果成為「八分之一」。

我們原本為了消除自己心中的不安，所以找人一起合作。但是，其實這樣反而無法發揮全力。因為過去發生的這件事，讓我學到這個寶貴的經驗。

同樣的經驗，我們也可以看看日本企業購併的現況。

日本企業購併時，大多是業績好的企業購併業績差的企業。

假設如果是業績好的A公司購併業績不好的B公司，我們可以說B公司的社員將來應該是沒有晉昇的機會。

這樣的現象，我們真的可以稱之為購併「成功」嗎？

「原本一間公司再加了另一間公司，人多力量大，結果應該會更好！」如果你還是這樣在期待，那就真是會錯意了，通常都會出現反效果！

Check!

共同經營、合夥創業，以失敗收場居多！

被當凱子削的主婦法則

某天下午，我在咖啡館等人的時候，偶然聽到隔壁二位看似已婚的女士交談：

「你知道嗎？前幾天車子送修，才修理一些小地方而已，沒想到寄來一張貴死人的帳單！我老公知道之後超生氣的，直說『這也太貴了吧！』哎呀！真是討厭死啦！」

這些話聽在我的耳裏，讓我不自覺地想對她說：「把自己不懂的事情完全委託別人處理，一定會吃虧的！」

這個就像是經營者把公司的會計完全丟給會計師處理，也是一樣的道理。

有時候我和某些公司的經營者對談時，都會向他們詢問公司的經營狀況。即使是自己的公司，還是有很多人會對我說：「問會計師比較清楚。」

這時，我心裏很想對他們說：「這家公司到底是由會計師經營？還是由你經營？」

當然，經營者並非專家，不需要了解那麼詳細。

但是，如果要把一件事完全交代給別人處理時，我認為某個程度還是有必要掌握一下內容。

以下的故事，是我在美國創業時的事。

當時我下定決心，從頭到尾處理自己設立公司的事。「我一定要自己試一次看看！」完全不找類似像司法代書等的專家，一邊和律師討論，從製作相關文件到申請，從頭到尾都靠自己。

說實在的，真的很花時間，也非常麻煩！

但是，多虧了這次的經驗，要如何設立公司的流程，我已經完全了解。

因此，第二次開始我就把事情全權委託給專家處理。因為我完全了解在甚麼階段要辦理甚麼手續，也可以比較放心交給別人處理。

要記住，把事情「全權委託」給別人處理，其實有風險存在。

常常有些人會因為「這是大公司賣的商品，所以可以放心」，然後就真的放心投資了。這個其實是非常危險的想法。

Check!

在「全權委託他人處理」之前，先掌握「流程」吧！

千萬不要再「全權委託」！
某個程度確定自己可以掌握狀況之後，再行動吧！

狩獵與農耕法則

其實，我覺得日本人是非常適合投資的民族。

每次當我這麼說的時候，聽到的人通常會有二種表情：一種是驚訝，另一種則是狐疑。

說到投資，大家對於投資多少抱持著「賭博」的感覺。但是事實上，剛好相反。這本書的一開始，我就有提到一個觀念，那就是投資其實是思考如何避免風險，如何確保資產不會受到傷害，保留到未來。

那麼，為甚麼我會認為日本人適合投資？理由是日本人是個以農立國的國家，是個農耕的民族。

春耕：春天播種

夏耘：夏天除草和驅蟲

秋收：秋天收割

冬藏：為了過冬而保存糧食，以迎接下一個春天的來臨。

腳踏實地實行每個步驟，然後得到該有的收穫，迎接明年的來臨。

這個方式，就跟投資如出一轍。

就像一點一滴把錢存在銀行一樣，如果同樣地聚沙成塔進行投資，我找不到比日本人（農耕民族）更適合做投資的人！

然而，歐美人與日本人不同，歐美人是狩獵民族。

他們大多想要狩獵大型獵物，但不見得會有收穫。不過，一旦獵殺大型獵物，那可是一件「了不起的功勞」，以後完全不用擔心沒有食物，可以安心過活。

誰能獵殺大型獵物，誰就獲得勝利。在某種程度上，他們的個性其實帶點「賭性」。

但是，狩獵民族如果想要到死之前都不用擔心吃的問題，安心過完餘生，光靠狩獵是沒有辦法做到的。

因為能夠獵殺大型獵物的體力，會隨著年齡的增長而衰退。更糟糕的是，沒有人知道何時、何處可以獵殺大型獵物。

所以，他們會在還有體力時獵殺大型獵物，然後用獵到的大型獵物交換雞、牛、羊飼養。即使他們再也沒有體力獵殺大型獵物時，也不用擔心將來沒有食物可以吃。

這樣的想法，其實就是「投資」最根本的想法。

有一段話，可以很直接地說明日本與歐美的不同：

日本社會透過教育與訓練，將技術與知識積累到人的身上，屬於「人的文明」。相較之下，西歐社會是透過工具的進步讓整個社會更進步，屬於「工具的文明」。

（出處：《江戶的智慧》，養老孟司、德川恒孝合著，PHP研究所出版）

由於歐美的文化，將「金融」這個工具發展得淋漓盡致。但是，工具始終會變舊、變壞。

但是日本文化是將技術與知識積累到人的身上，不怕會壞。透過人與人之間的傳承，還能夠一代一代地發展下去。

我認為，這就是投資家他們所目標的道路。

Check!

農耕民族非常適合投資！

30 雙手掬水法則

用雙手掬水之後，把水留在手中。
哪一個動作比較困難？是掬水呢？還是把水留在手中？
我想，應該是把水留在手中比較困難吧！
這個是我師父教我的事。

其實，水和金錢是一樣的。
比起賺錢，如何把錢留在身邊是比較困難的。

假設你想要多留一點水在手上，可以怎麼做？
如果你只是一直捧在手上，水應該只會不斷地從指縫間流走。
所以，要確實保存自己所舀起來的水，你會需要一個「容器」。

不過，如果這個容器太小，就沒辦法裝太多水。如果這個容器有破洞，水反而會從破洞流走。

所以，找一個大小適當，又沒有破洞的容器是很重要的。

上述的故事，最主要是比喻甚麼呢？

「掬水」，就等於你賺的錢。要如何貯存你的水？這個問題所思考的就是「投資」。

大部分的人，首先拿到的容器大多都是充滿破洞的。那些洞代表的就是「稅金」或是「消費習慣」。

所以我們必須透過「學習知識」以及「具體的投資戰略」彌補破洞，盡可能的將水留在容器內。

Check!

比起賺錢，要先思考如何把錢留在身邊！

31 泳池裏的細菌法則

這個是我師父出的題目，請各位也一起猜猜看吧！

在某個游泳池裏繁殖出細菌。
細菌一分鐘可以分裂出一倍的細菌。
然後在三十分鐘內，可以繁殖出半個泳池的細菌。
請問，整個泳池布滿細菌需要多少時間？

回答時間一分鐘。
大家知道答案嗎？
大部分的人給我的答案都是「六十分鐘」。
那麼，我要來解答了！大家準備好了嗎？

答案是「三十一分鐘」。

出乎意料地快，對吧？

這個問題，可以讓大家很快理解甚麼是「複利的效果」。

這個「複利」的法則，曾經讓愛因斯坦稱讚這是「二十世紀最大的發現」。

那麼，如果把細菌換成「金錢」的話，會如何呢？

「複利」，指的就是經過時間的洗禮，威力會加速。

然後，資產會增生資產。

也就是「以錢滾錢」的意思。

比方說，今天你有本金一百萬元，年利率百分之十。

如果是單利：

↓一年後一百一十萬元，扣除百分之二十的所得稅，還剩下一百零八萬元。

↓二年後，是一百萬元加上十六萬元等於一百一十六萬元

↓七年後，是一百萬元加上五十六萬元等於一百五十六萬元

如果是複利：

↓一年後，是一百一十萬元乘以年利率百分之十等於一百二十一萬元

↓二年後，是一百二十一萬元乘以年利率百分之十等於一百三十三萬一千元

↓七年後，本利總和約為一百九十四萬九千元

如果用一千萬來算的話，單利與複利的差額就有四百萬元。

補充說明一點，用來計算複利有個簡便的方法，叫做「七二法則」。

年利率（%）乘以年數（年）等於七二

大家可以用這個公式來計算，本金幾年後可以翻倍。

比方說，三十歲用三百萬元的本金，年利率百分之二十的複利至六十歲，也就是三十年，原本的三百萬元在三十年後則會變成七億一千二百一十二萬元。

補充說明，如果是百分之三十的複利，三十年後則會變成七十八億五千九百九十萬元。

那麼，如果資產運用的時間縮短至二十年的話，百分之二十的複利會變成一億一千五百零一萬元；百分之三十的複利則會變成五億七千零一十五萬元。

如果拿百分之三十的複利來做比較，資產運用二十年變成五億，但是如果延長至三十年的話，則是變成七十八億元。前後十年而已，之間差異就如此之大。

對於投資來說，「時間」有多麼的重要，從這個例子就可以很明顯的看出來。

但是，投資報酬率有可能這麼高嗎？

如果是不動產的話，百分之二十的複利是有可能的。

正確的投資是愈早進行愈好，最後得到的收益愈大。

愈早學習投資，愈快投入投資，對自己愈有利。

而且，你需要做的只是放在那裏，自行膨脹變大，並不需要甚麼特別的手法。

只要堅守投資法則，誰都可以成為「億萬富翁」！

Check!

正確的投資愈早進行，愈早可以變成「億萬富翁」！

黑海沿岸的小村落法則

不曉得各位有沒有聽過「黑海沿岸的小村落」這個故事？這個故事是我無意中在網路上看到的。讀了之後，深感這個故事就是針對經濟結構所寫成的，在此和大家分享。

在黑海沿岸有個貧窮的小村落。

有一天，有個旅人經過這個小村落，進去一間民宿。他向民宿老闆說，「今天我想要住一晚，請問有房間嗎？」

確定有房間後，這位旅人就先付了訂金，然後就出門觀光。

這間民宿的主人收到錢，馬上跑到附近賣肉的店家，把之前的「賒帳」還清了。

賣肉的店家在收到錢後，也馬上跑到養豬業者那裏，還清之前欠下的債。

這個養豬業的老闆在收到錢後，想到他也欠飼料業者的錢，趕緊跑去找飼料業者，把之前的「賒帳」還清。

而飼料業者其實也欠一名女子未付款，他收到錢後馬上去找那名女子，把之前欠的債還清了。

這名酒店女子在收到錢後，馬上跑到民宿去。因為之前做生意時，以賒帳的方式投宿在民宿。她找到民宿的老闆之後，還清之前的債。

最後，這個旅人觀光完之後回到民宿，跟民宿老闆說：

「這裏已經沒有甚麼好看的了！我決定今天不住在這裏了。」

說完，就把之前付的訂金收回，離開這個小村落了。

故事裏，完全沒有人賺到任何錢，每個人卻都還清了負債。

這個故事，很簡單的說明了甚麼是典型的「經濟的結構」。

也就是說，其實金錢不是從哪裏生出來的，它只是一直在這個經濟循環之中而已！

Check!

金錢不是「生出來的」，而是在經濟體內「循環」！

33 自然界法則

水，由高處往低處流。

自然界的結構大多是如此，都是高處往低處移動。

但是，金錢的流向卻是違反自然的。

因為，金錢是從低向高流動。所以，錢才會都集結在有錢人身上。

然後，大部分的有錢人在得到錢之後，很自然的把錢留在身邊。

但是，如果只是從低處吸取金錢，低處的錢有一天也會枯竭。

所以，知道這個道理的「真正有錢人」，會透過積極做善事等方式，將錢從高處流至低處。

如果只是一味重視金錢，會造成甚麼後果？

因為沒有「順勢」而為，運勢也會跟著「逆流」。運氣有可能變差，嚴重的話，還可能危害到健康。

各位應該都有看過，飄浮在浴缸裏的「汙垢」吧？

在裝滿水的浴缸裏，飄浮著一些汙垢。為了不讓汙垢靠近自己，我們會習慣把它用力撥開。不曉得各位有沒有發現過，因為水流的關係，用力撥開的結果反而是讓汙垢流回到自己的身邊。

其實，如果你想要讓汙垢遠離自己，不需要用力把它撥開，只要把它撥向自己就好。這麼一來，汙垢自然會被水流帶著離開。

同樣的道理也用在金錢上。

首先要把錢給予不如自己富有的人，錢才會再回到位於高處的自己手中。

我剛開始創業時，也曾經抱持著很大的夢想。

還發願自己如果成功的話，「一定要幫助那些想要創業的人」。

但是，當我的事業愈做愈大，錢愈賺愈多，我開始一直不斷只想著要賺錢。

到最後，我想的賺錢方式已經違背自己的初衷。

結果變成如何？

很不可思議的一件事，我的收入竟然減少了。

當時我自己也發現，在身邊的朋友也都不一樣了。變成是一群喜歡展現自己的名錶、愛慕虛榮的朋友。我自己其實也不愛這些人在身邊，所以對於這些人的抱怨自然也變多了。老是在聽我抱怨的女友，到最後還對我說：「原來你只會這樣抱怨，有點後悔跟你交往了……」

「到底為甚麼自己的身邊會出現那麼多酒肉朋友？」，仔細思考之後發現，其實是「金錢」把他們吸引到我身邊的。

故事的最後，當時的我，九成的財產都沒了，經歷人生最大的失敗。

為甚麼會變成這樣？

因為我太過於汲汲營營追求金錢，一直拚命想要讓錢靠近自己。但是到最後靠近自己的，卻是那些受到金錢利誘的人，反而讓金錢離自己愈來愈遠。

這就像是你想要改變河流的方向，其實是不可能的。

金錢的流向也是一樣的，當時的我，有了很深的感觸。

如果你一味只想著要「賺錢、賺錢」，金錢反而會離你愈遠。請不要一直想著要賺錢，你應該想著要如何用錢、如何幫助別人，這麼一來，金錢自然會向你靠過來！

Check!

水由上往下流，錢由下往上流。

34 假設法則

我在做任何決斷時，絕對不會做的一件事就是「預測」結果。

因為我都會先「假設」結果。

那麼，「預測」與「假設」有甚麼不一樣？

所謂的「預測」是條單行道。一旦你「預測」的結果錯誤，就沒有「備案」。

通常預測的結果其實就只剩下對與錯。如果預測錯誤，事情也就結束了。

另一方面，所謂的「假設」是先預想「答案」。然後要如何達成這個答案，則是要反覆不斷「實驗」。也就是說，不斷的改善與修正。

所以，即使「假設」的答案與事實不符，不符合的地方可以重新再「假設」，然後重新再進行實驗。

換句話說，你可以不用一次定江山，反而可以在失敗處加上「改善」。

「假設」的好處就是可以不斷修正，在成功之前，只要不斷實驗，最後一定會和成功連結。

同時，重要的並不是從單一方向導出答案，應該要從各方面的意見驗證。正因為是從各個角度驗證事情，所以失敗的風險也會相對降低。

訂定計畫是「預測」，

訂定策略是「假設」。

訂定計畫，你就得「依照計畫進行」，就會意識到必須依照計畫行動。結果就是，我們必須配合著計畫進行。也就是說，自己不會花多餘的心力去做其他事。

另一方面，「假設」並非設定「計畫」。所以即使你設定某個「答案」，在達成答案之前的行動其實是很自由的。

補充說明一下，其實「沒有計畫」是很棒的一件事。

因為沒有計畫，所以有可能會偶遇一個很厲害的人。因為沒有計畫，反而有機會去一個特別的地方也說不定！

Check!

別「預測」，先「假設」吧！

35 浪費並非白費法則

有時候，我們會稱一些事叫做「浪費時間」，大多是指「不用做也可以」或「做了也是白做」的事。但是，有時候我並不這麼認為。

我反而認為**「無用之用，才是大用」**。

理由其實很簡單。像我們要想一個好的點子，有時候並不是正經八百地坐在辦公室裏就可以想出來的。說不定偶然和同事聊天的時候突發其想而來的。

但是，「和同事喝茶閒聊」，在某些人看來也許是件「浪費時間」的事。我們也不能否認，有很多重要點子，大多都是聊天當中閃過一絲靈感而得來的。

閒聊的時候，跟工作的時候不同，通常腦袋可以比較放鬆，也比較自由。少了工作的限制與束縛，說話也比較輕鬆。

先前也有跟大家提過「黑羊」的故事。

其實閒聊時，人也比較容易成為「黑羊」。

出席公司會議時，礙於一些限制，大家都會不自覺變成「白羊」。有時候也是不得已要變成「白羊」。但是，如果大家都變成「白羊」，絕對不會有甚麼好的點子產生。唯有變成偷跑出柵欄的「黑羊」，好點子才有可能跟著來。

此外，做些浪費時間或不切實際的事，還有另一個優點。

愈是讓人覺得浪費時間或是不切實際，會去做的人就愈少。所以，你的敵手也會愈少。

「這麼不切實際的事誰會做啊！」，愈多人這麼想，就愈多人不想做，你做完之後成功的機率就會增加。

本來，所謂「浪費時間的事」，對誰來說是「浪費時間」呢？

其實就是那些在外圍觀看的人，自己在那裏做判斷而已。

事實上，你仔細去看那些成功的人在做的事。也許某些事乍看之下很像「不切實際又浪費時間」。但是就我來看，其實是表示他們心有餘力去做更多的事啊！

Check!

不切實際又浪費時間的事，其實好處多多！

以資產購買消費品法則

如果要買「消費品」，用你的「資產」幫自己買吧！

這句話，是我在一些研討會上時常和大家分享的一句話。

假設，我們今天同時給二人現金五百萬元，並告訴他們說：「這五百萬元，就照你們想要的方式去使用吧！」

此時，二個人之中的A先生，拿了五百萬元去買一輛新車。用現金買新車，感覺很好。但是新車一發動的瞬間，就變成「中古車」，價值馬上降為四百萬元。

然後，再經過五年左右，那輛車幾乎沒有甚麼價值了。即使要出售，可能也賣不了多少錢。我們可以說，汽車其實是消費品。

另一位B先生，他用五百萬元當成頭期款，買了總價一千五百萬元的不動產。然後把它出租，扣除貸款的費用，每個月手頭上還留有八萬元。

然後，他利用每個月剩餘的錢，用貸款的方式買了一輛五百萬元的車。並用每個月多餘的房租收入來支付車貸。就這樣，他仍舊擁有五百萬元，而且還多了一輛新車。也就是說，B先生利用不動產來為自己買了一輛車。

不只如此，不動產也依舊在自己手上。

就這樣，B先生用同樣的五百萬元，讓自己同時擁有不動產和汽車。

而且，如果B先生持續不斷地收租，未來他還可以用不動產，再為自己買第二輛車。

所以說，我們可以下一個結論。

如果你用現金直接購買消費品，到最後，甚麼都不能留住。

但是，如果你利用資產間接購買消費品，到最後你的資產仍在。

如果是你，你會選擇何種方式？

投資家其實就是利用這種方式，增加自己的財富。

最重要的是，這個方式其實很淺顯易懂，每個人都做得到！

Check!

利用不動產來為自己買車吧！

硬體・軟體・財務法則

我們常說，一個事業需要具備的三大要素：

1. 人
2. 商品
3. 資金

但是，對於投資家來說，他們最主要考量的三大因素如下：

1. 硬體（架構）
2. 軟體（主要實行的內容）
3. 財務（金融）

首先第一個要素「硬體」，指的是像不動產這樣的「建築物」。我們用「架構」形容也可以。

第二個要素「軟體」，也就是「實行的內容」。比如說，利用某個地方開餐飲店，或是某個地方裝潢成小套房之後出租。

而最後一個要素「財務」，指的就是「投資資金」。

在海外，有那種看起來好像花了好幾億建造的豪華餐廳。但是，有人卻可以不用花一毛錢就可以打造那樣的豪華餐廳。

他到底是怎麼做到的？

在日本，大多數的人若要開餐廳，都必須自己準備前述提的三大要素——「硬體」「軟體」「財務」。

也就是說，包括地點、營運方式以及資金，都必須靠自己準備。

但是，在海外不一樣。如果你擁有優秀的「軟體」，「硬體」與「財務」就會隨之而來。

比方說，有一間菜餚美味、風評不錯的餐廳。

投資家雖然擁有「硬體」與「財務」，卻沒有「軟體」。所以，他們常常會去尋找擁有優秀「軟體」的人。

因此，在海外如果你是優秀的廚師，或優秀的餐廳經營者，就很容易可以得到「硬體」與「財務」。

對於餐廳老闆來說，他最大的目的，就是希望餐廳的生意很好。

而對投資家而言，餐廳的生意好不好並不是重點。重要的是「能夠獲得安定的房租收入」。也就是說，只要餐廳能夠長期並持續地給付房租就可以了。

所以，投資家找尋的是機會。若是投資家花二億元投資一間餐廳，每年可以從餐廳那裏得到百分之十，也就是二千萬元的房租報酬，那對投資家來說已經足夠了。

而對餐廳主人來說，他想要避免的是餐廳經營的風險。若是一開始就要準備二億元，也就是一剛開始就必須「舉債」。如果無法負擔這個債務，餐廳也會面臨到是否能繼續經營下去的風險。

因此，若是餐廳主人與投資家能夠合作，由投資家拿出二億元，對餐廳主人來說可以少掉負債二億元的風險，對投資家來說，則是多了能夠收取固定收益的機會。

這個想法在日本也許還不大風行，但是在歐美卻是非常受歡迎。即使沒有開業資金，也不需要放棄自己的夢想。只要有優秀的「軟體」，就會有人捧著錢在自己面前出現！

舉個例子，進駐在六本木商圈的某間外資飯店，在興建大樓之前就已經與地主簽妥租約。這個合作案其實在規畫大樓設計圖之前，就已經開始交涉。

從大樓地主的角度來看，因為是經營穩健的外資飯店，所以在繳房租比較不會有問題。

從飯店的角度來看，可以不用花太多錢在初期設備的投資上。飯店只需要穩健經營，每個月繳交房租即可，負擔相對減輕很多。

其實有很多餐廳或飯店之所以會倒閉，大多是因為初期設備花費太多的緣故。透過這個方式，可以減輕很多的負擔。

換句話說，這個方式其實對雙方都有利。

Check!

即使沒有開業資金，也可以開店！

38 國王與軍隊法則

若是拿美國與日本的家庭資產結構來比較，我們會發現一件事。美國家庭的現金與存款約占總家庭資產的百分之十三，而日本家庭的現金與存款則是占百分之五十以上。

也就是說，日本人把家庭資產的絕大多數都存進了銀行。所以「現金存款」異常地多。但是在美國的家庭，會把家庭資產半數以上配置在債券、投資信託、股票等金融商品上。

就我來看，我覺得日本人對於資產配置的方式只能用一句話形容，那就是「實在是太可惜了！」。

為甚麼這麼說，理由很簡單。因為金錢其實是供人使用的「工具」。

我們把金錢比喻成軍隊來說明可能會更清楚。一般來說，我們為了「某個目的」開戰，或是需要軍隊來做些甚麼事，才會召集軍隊。也就是說，軍隊是用在「有需要的時候」。

不過，回過頭來看現在的日本。我們可以看到，日本人很努力召集非常多的士兵。但是，因為他們擔心會失去這些士兵，所以完全沒有加以善用。結果就如同我們所知道的，大多數的人把它放在最安全的銀行裏。

然而，我也不能否認一件事，那就是日本人也許並不知道該怎麼運用這些資產，所以才把它放在銀行裏。

為甚麼會演變成這樣？

我在想可能是因為使用的「目的」消失了。因為沒有目的，所以導致「存錢」本身變成了「目的」。

軍隊本來就是為了要戰爭才會點召，如果不出兵就失去點召的意義。但是，一旦要出兵，就不得不「擬定戰略」。

唯有正確的戰略才能夠好好地用兵，也才能夠發揮軍隊的實力。

其實，花錢與用兵是同樣的道理。

沒有謀略的花錢是浪費，用在該用的地方才有意義。

因此，要先了解用錢的意義，也就是明確定義「人生目標」是很重要的！

Check!

金錢是為了「某個目的」而存在的工具！

39 願望說出來反而不會實現法則

有時候常聽人說：「如果要實現願望，盡可能和很多人訴說，比較容易實現！」。

實際上，這個想法是建立在如果有很多人知道，就有很多人可以幫忙實現心願。

但是，事實上卻是有很多人嘆道：「明明已經很努力跟大家說自己的願望了，怎麼還是沒辦法實現？」

我的想法是：「如果你跟很多人說自己的願望，原本可以實現的願望，也變得無法實現！」

問題就出在「盡可能和很多人訴說願望」，這表示你沒有慎選對象，只要是「人」，就向對方訴說願望。

當你跟對方說了之後，有時候得到的反而是負面的訊息。

偶爾也會出現一些扯後腿的人，因為你如果失敗了，對方就可以更上一層樓。所以我認為，並非所有人都會盡全力支持你所謂的願望。之前也有跟各位提過，因為有人會害怕你的改變，所以反而會提供一些負面訊息，以確保你仍然像現在一樣，不會去做改變。

所以，你和愈多人訴說自己的願望，有可能得到的是反效果。

事實上，我曾經有幾次為了要實現願望，把自己想做的事或是想法告訴別人。到最後反而都被別人偷走自己想法。如果真要細數這樣的經驗，還真是數到天亮都數不完（笑）。

就是因為這樣，我才深刻的感覺到，不管對方是誰，劈頭就說自己願望的人，大概就是永遠都沒有辦法實現自己願望的人。

說到這裏，各位也許會覺得，是不是從此不要再告訴別人自己的願望了？

我想要告訴大家的是，**慎選透露願望的對象！**

對方如果是能夠理解自己的想法的人，那麼你要說多少都可以。

日文的「願いを叶う」，就是實現願望的意思。

後面的「叶う」就是實現的意思，日文漢字是一個「口」字加一個「十」字。

也就是說，從自己的「口」中說「十」次心中的願望，願望比較容易實現。但是，這並不代表對誰都可以說。

重點是，你要找到和你有相同願景的人才行。

如果沒有慎選對象，只是自顧自地訴說，結果應該只是落得無法實現的下場而已。

Check!

慎重選擇可以訴說願望的對象！

40 見到大人物的機率其實很高法則

如果有人跟你說：「可以見到比爾・蓋茲（Bill Gates）」，你會有甚麼反應？

首先要先問各位一句，你會相信嗎？

是不是一句「怎麼可能？」，就笑著帶過？

有很多人也許曾經有「想要見個面」的想法，但是只要想到「那樣的人一定很忙，不可能有時間跟自己見面。重點是，自己也不是甚麼名人，對方怎麼可能會想見我？」。到這裏，我相信大部分的人就自動放棄了。

也許大家不相信，很不可思議的事情是，只要你有辦法預約見面時間，他們都會願意和你見面！

先別說他們是否願意和你見面，我們先回頭想想自己。當你想和比爾・蓋茲見面時，你是否曾經試著跟微軟（Microsoft）聯絡？或者，你是否有試著寫信與他聯繫？

我想問的是，先不管對方會有甚麼反應，你是否有試著行動？

說實在的，我也不知道比爾・蓋茲到底會不會和你見面。

但是，**如果你不試著去做，就永遠都無法知道對方會怎麼反應**。

不要只是覺得「對方是那麼偉大的人，怎麼可能跟我見面？」。

重要的是，你要想「要怎麼做，才能夠和他見一面？」。

如果甚麼都不做，不管經過多久，永遠只會停留在「0」的位置，不會向前一步。

一旦有所行動，在某個時點就會變成「1」。

「0」這個數字，不管跟甚麼數字相乘都是「0」。一旦你變成「1」，不管跟甚麼數字相乘，都會是正數。

即使失敗，先前所有的行動都對你有幫助。

在經過判斷後所做的行動，必定會為自己帶來機會。

千萬不要光靠想像判斷「不可能」，就放棄行動！

如果你有想見大人物，不管怎麼樣，就先去試試看吧！

就是要有這樣的氣勢與行動力，才是能夠改變你未來的「關鍵」！

Check!

去見見比爾・蓋茲吧！

模仿成功者法則

如果你「想要成功」，試著找一天，把自己變成已經成功的樣子。包括想法、說話方式、言行舉止等，把自己當成像是成功者一樣的行動吧！

比方說，一個成功的人住宿時，一般應該不會投宿在狹小的商務旅館吧？坐飛機也不會坐經濟艙吧？

只要一個晚上就好，試著去住看看五星級飯店的豪華商務房吧？

如果是搭乘飛機的行程，一次就好，去坐頭等艙看看是甚麼樣子吧？

像這樣去感受一下，一個成功的人所在的是怎麼樣的環境，然後把它深深地記在腦海裏。

我們身邊成功的人，在同樣的環境中他們是如何行動的？他們會採取何種行為？把自己放在平日不常接觸的環境裏，會有怎麼樣的感受？應對進退會有甚麼樣的改變？實際親身感受一下。

如果搭飛機坐頭等艙，空服員的服務態度也會有所不同。

空服員會記住每一位坐在頭等艙客人的名字。

當然，如果每次都要你坐頭等艙，可能會對生活造成影響。

但是如果一年一次，應該不是很困難的事。

的確，那是很花錢的一件事。但是，我相信它的價值應該會超過你所花費的錢。

過去，家中的奶奶曾經這麼對我說過：

「一個月一次也好，去高級一點的餐廳吧！去買一雙名牌鞋吧！即使只有一雙也沒關係！」

想法是一樣的，數量不用多，但是試著接觸甚麼是高級品吧！

有了這種體驗後，你會意識到「自己與眾不同」。

如果要說穿一套高級的衣服的好處，與其說它的素材好，倒不如說這套衣服讓自己變高貴了。

當你穿一套高級的衣服時，你有沒有發現自己會不自覺地抬頭挺胸？

我並不是說，要把所有的東西都換成名牌。

而是，只要現在能力所及的地方，一點一滴慢慢改變吧！

「我正在做成功者也在做的事！」，這樣的意識也會逐漸改變你的想法行為！

Check!

模仿成功者的舉止，逐漸地也會變成一個成功的人！

【步驟三】

一輩子不再為錢煩惱！

以「投資腦」的生存方式改變自己的生活，未來會更好過。

每天都有「好事」等著你！

42 認識有錢人法則

「要如何才能夠與有錢人做朋友呢？」我時常聽到大家發出這樣的疑問。

「認識有錢人」，是改變自己「潛意識」最有效的方法。在職場上每天都和差不多背景的人來往，對各位來說並不會有甚麼正面幫助的。

如果沒有用雙眼看，也沒有親身體驗的話，潛意識沒有受到刺激，是不會覺醒的。

所以，有時候讓自己置身在比較不同的環境，試著交往一些不一樣的朋友，刺激一下自己的潛意識吧！

那麼，在哪裏可以遇到有錢人呢？

例如，飛機內的商務艙或頭等艙，或是高級飯店的豪華客房就是絕佳的地點。

現在說明的這個法則，其實跟上一篇「模仿成功者」法則有著連動的關係。

再舉個例子來說，最近不是有上外太空旅遊的新聞嗎？只要有一千萬日圓，誰都可以申請上到外太空。而這個其實也是認識有錢人最確實的方式。因為，有辦法申請去「外太空旅遊」的人，大多是有錢人。而且，這些人在上到外太空之前，一定要互相認識對方，一起做些相關的訓練。

雖然這個方式很有效，但是要實現的難度有點高。

反過來說，高級飯店的豪華客房或是飛機的商務艙等方式，只要稍微努力一下，應該不會那麼困難。

首先從飛機談起。因搭乘坐同一班飛機，大家的目的地相同，就是很好的話題。鼓起勇氣，跟坐在隔壁的人打聲招呼吧！因為頭等艙大多是密閉的個人空間，但商務艙比較容易開啟話題閒話家常。

而且，到目的地的飛行時間大多有數小時到十幾個小時不等，有這些時間也比較容易可以拉近彼此的距離。

總而言之，先鼓起勇氣和對方打招呼吧！只要有所行動，往往會有出乎自己意料的機會產生。

我以前就曾經與大型汽車製造商的第二把交椅、美國卡車業界的高層，以及外資銀行公關部高層坐同一班飛機而認識，至今仍舊互相有聯絡。

另外，高級飯店內專屬豪華客房樓層客人使用的酒吧，也有同樣的機會可以認識有錢人。

其實，大部分酒吧裏的酒與飲料都是免費供應的。早上與晚上都會有許多豪華客房樓層的客人聚在一起。當你一進去酒吧時，同樣地，鼓起勇氣與大家打招呼吧！我在想，即使你沒有主動打招呼，應該也會有人主動來跟你說話吧！（笑）

有一次，我在香港某間高級飯店豪華客房樓層的酒吧裏，遇見一位印尼財團的高層。一連三天都遇到他，二人見面時，也只是很單純的聊天。直到他要回去之前，我們二人才互相交換名片，這才驚覺到他是那麼有地位的人。

那次之後，偶爾有互相聯絡。後來，他的公司有機會進駐日本時，我也透過自己的關係介紹一些人脈給他認識，因緣際會下，也給了我能夠幫助他的機會。

直到現在，不只有我們二人，就連我們雙方的家人，也都互相認識，關係非常親密。

也許有些人會覺得：「反正飯店就是進去睡一晚而已，花那麼多錢住高級樓層，會不會太浪費？」。就我來看，光是有這樣的想法，我就覺得太可惜了。

為甚麼？因為這些人，即使是坐在經濟艙，應該也不會想要認識坐在隔壁的人；住在飯店的普通樓層，應該也不會有甚麼特別的際遇。

人與人之間的相遇，在日文中有句成語叫做「一期一會」，也就是「一輩子相遇一次的機會」。而**這個機會的價值，是絕對用金錢買不到的**。

我之前也與大家分享一個觀念，那就是「無用之用，才是大用」，換句話說，乍看之下「很可惜」「很浪費」的事情之中，其實隱藏著我們看不到的價值。

說到這裏，我有一件事，是我年輕時想做卻沒能做到的事。

那就是拿著一百萬日圓到銀座的高級俱樂部，然後跟他們說：「今天晚上我要喝光這一百萬！」。一個晚上，就用這個方式花光一百萬日圓。

我也不知道那間俱樂部會不會讓我進去。到底會有怎樣的結果，我也覺得很有興趣！（笑）

「誰會做那麼蠢的事!?」也許有人會這麼想。但是我的想法是，年輕時看看不一樣的世界，也是另一種社會經驗的累積。

在俱樂部裏可以仔細觀察所謂上流社會的人，他們過得的是怎樣的生活？像這樣的人是如何與俱樂部的小姐們互動。

然後，他們對於突然來的年輕小夥子，會有甚麼反應。搞不好覺得「這小子真有趣！」，也說不定對我感到興趣，反而留下深刻印象。

到那種高級的地方花錢，其實也是訓練自己敢於使用金錢的魄力，這其實也是很重要的事情。

Check!

多吸收一些有錢人的能量吧！

43 現金非王道法則

聽說，在明治時代（譯註：西元一八六八年至一九一二年），二千日圓就能夠蓋一棟飯店。

比方說，我的曾祖母很努力存下二千日圓，留給我們後代子孫。

在當時，二千日圓是可以蓋一棟飯店的一大筆錢，但是，現在二千日圓能夠買甚麼呢？別說是蓋飯店，或是買不動產了。最多可以打電話去訂一個中型披薩吧！（笑）

換個角度來想，如果過去曾祖母存下二千日圓之後，買一片土地（在這裏我們就不考慮遺產稅了）。

如此一來，到了今天會產生多少價值呢？

由於是能夠蓋飯店程度的土地價值，所以現值也許已經是數百億日圓也說不定。

這麼一來，我說「現金已經不是王道了！」，應該也不為過。

當你聽到「通貨膨脹」，你會有甚麼想法？

「光是物價漲，薪資都不漲，生活愈來愈辛苦！」

「東西愈來愈貴，這世界愈來愈難生存了！」等，應該都是很負面的想法吧！

換句話說，錢的價值愈來愈薄，會有這樣的感觸也是很自然的。

但是，投資家的想法卻是「通貨膨脹其實沒甚麼了不起的」。

理由是因為，他們為了**因應通貨膨脹所產生的影響，已經做好萬全的準備**。

過去數十年來，在土耳其有非常嚴重的通貨膨脹。今年的通膨率已經達到將近百分之十。

這個時候的土耳其人，他們不是把錢存進銀行，他們流行把錢拿去買電視。

原因是甚麼呢？因為他們發現，半年後電視的價值上漲了。更讓人訝異的數字是，土耳其在一九八〇年到二〇一一年的三十一年間，平均通膨率已經上漲百分之四十五以上，真是個令人吃驚的慢性通膨國家。因此，土耳其人民對於現金的信賴感是很低的。

另外，**在美國如果長期持有一檔股票長達二十年以上，出現虧損的機率非常小。**對投資家來說，不動產或股票並不像一般消費品，它們存在的目的不是用來「購買」的，他們的想法是可以把現金「替換」成不動產或股票來貯存。

也就是說，通常你持有一檔股票達二十年以上，不大可能會出現虧損，所以你的資產就可以透過持有股票的方式而保留下來。

所以如果你確定某間公司二十年後仍然會存在的話，將現金換成他們的股票，那麼現金到最後也會符合二十年後的價值而保留下來。

Check!

持有同一檔股票達二十年以上的人，不會虧損！

重要瞬間法則

「為了某個『重要瞬間』而破釜沉舟」，一個成功的人就是要具有這種氣概。跟各位分享一個故事，是我在美國時發生的事。

某天，我的投資家好友休假，與家人前往拉斯維加斯旅行。

但是，就在他休假旅行的途中，公司發生緊急事件。如果沒有即時處理，就會損失幾百萬美元。

意識到這件事的嚴重性，我心想：「不行，一定要請他立刻回公司！」，於是我拿起電話與他聯絡。

結果，各位猜猜看他是怎麼回答的？

「**我不回去。**」他這麼跟我說。

然後他又接著說，「這個休假是我和孩子們半年前約定的事。如果這麼突然回去，我沒有辦法跟他們解釋。而且，**對我來說，家人才是最重要的**。所以，即使因為這個休假讓我失去所有，也沒有關係。」

各位也一定很好奇，公司後來變成怎樣了吧？是否真的因為他沒有回來，造成很大的損失？他真的就這樣失去所有了嗎？

事實上，也沒有發生這樣的事。

「在他回來之前，大家幫忙一下吧！」公司裏的人開始動了起來。

他並沒有命令大家做些甚麼，純粹只有表達他的堅持。也因為「他的意志堅定到讓周圍的人願意支持他」，所以大家才會主動願意幫忙。

請各位想像一下，同樣的例子如果發生在日本人身上，會如何呢？即使是放假，如果公司突然有急事聯絡的話，一定是跟家人說：「不好意思，我要趕快回去工作。」然後就銷假趕緊回公司上班吧？

其實，「工作優先」的態度也不一定不好。只是，對於自己認為不能退讓、不能扭曲的事，也要懂得堅持。只要你貫徹自己的核心價值，我相信周圍的人也會支持。然後，事情自然會朝著你要的方向進行。

我剛剛故事中的那位投資家好友，其實就是個最好的典範。

通常被大家稱做為「領導者」的人，大部分的行動都很簡單，讓人家很容易猜得到，那是因為他的**行動始終如一**。

不但不輕易被其他人說服，也不輕易妥協。對於甚麼場合該做甚麼事，有著自己的想法與主見。他們是一群「貫徹」自我意志的人，也讓周圍的人很自然地跟隨他們的意志行動。

所以，只要你能**為了某個「重要的瞬間」，有破釜沉舟的覺悟與決心**，相信大家一定也會跟隨你。

最後還是老話一句，認為對自己很重要，而且絕對不能退讓的事，學習堅持到底是很重要的。至少，我是這麼認為的！

因為唯有這樣的意志才是「影響力」的來源啊！

Check!

為了重要的瞬間，你有破釜沉舟的覺悟嗎？

先吃最喜歡的菜法則

請各位想像一下，在自己的眼前有一盤很精緻的料理。

你會先吃自己最喜歡的菜嗎？

還是會把最喜歡吃的菜留到最後吃？

投資家的習慣通常是先吃自己最喜歡的菜。

另外，通常把最喜歡的菜留到最後吃的人，大部分的人都擁有企業家的個性。

基本上，我習慣先吃掉自己最喜歡的菜。（笑）

投資家之所以有這種習慣，那是因為他們比較重視結論。相反地，企業家大多重視順序，按部就班後得到好的結論。

那麼，這跟先吃自己喜歡吃的菜有甚麼關係？

那是因為，如果你把它留到最後，萬一吃太飽的話，有可能會吃不下。或者是，有可能會因為突然發生甚麼事，在你吃掉它之前就得離席。

也就是說，如果把自己喜歡的食物留到最後才享用，投資家無法確保自己一定能吃得到。

這其實就是一個很大的「風險」。

在這本書的前面，其實也有提到一個屬於投資家的習慣。他們**「盡可能排除無法預測的風險」，而且會優先排除**。所以，如果有無法吃到自己喜歡菜的風險，那麼，就是盡可能在風險發生之前把它吃掉！投資家思考的邏輯就是如此而已。

在投資家的腦中已經有預想的結果，然後再從結果反推思考「目前應該要做的事」；但是職場工作者的腦中大多是順向思考，從現在思考到未來，盡可能的向前進。所以他們不會知道結果是甚麼，只是緊張地迎接即將要來的結果。

所以說，其實**投資家並非「將利益最大化的專家」**，**反而是「將風險最小化的專家」**。

舉個例子來說，今天因為一檔股票損失了五千元，投資家不會做的是「這個損失回補之前再忍耐一下吧！」。他會做的是儘快停損，然後重新找尋投資的機會。

因為對他們來說，回補損失所花費的「時間」反而是種浪費！「花費時間」所代表的意思，就是「這期間所隱藏的機會」也跟著消失。

所以說，投資家的腦中，他們非常重視「現在」這個時間點。

因為下一個瞬間會發生甚麼事不知道，這就是一種「風險」。

因此，他們盡可能把握現在，排除不確定的風險，這才是他們的作風。

Check!

不管是何時，「現在」才是最好的時機！

46 異想天開的事更容易達成法則

讓人覺得異想天開、覺得「怎麼可能有辦法做得到？」的事，其實比想像更容易達成。

因為異想天開的事，大部分人都覺得不可能會達成，也不會想要去做。一旦做的人變少，代表你的「競爭對手」跟著變少，反而更容易成功。

當初我在美國創業的時候，我在報紙的廣告欄（約三行的文字廣告）中，登了以下的廣告：

「我想要開創這樣的事業，有沒有人願意出錢資助我？」

而在我的廣告下面刊的另一則廣告是：

「我的貓咪生了三隻小貓，有沒有人要認養？」（笑）

做了這種事的後果就是一群人說了我一頓。

「你到底在做甚麼？」

「你真的覺得做這種事有辦法集資嗎？」

「你的腦袋有問題嗎？」

但是，也因為我這種不按牌理出牌的方式，不可思議地成功募集到我所需要的資金。

上述的例子說明了其實異想天開的事，往往因為競爭者少，所以更容易成功。

其實，就這麼簡單。說實在的並不難，不是嗎？

Check!

目標愈大，其實競爭者愈少！

第二把交椅法則

要判斷一間公司的優劣，我通常都會觀察這間公司「第二把交椅」的人。

請注意，我看的不是「第一把交椅」，而是「第二把交椅」。

大部分的公司，如果「第二把交椅」的人腳踏實地、做事認真，通常公司將來都會成功。

而且很有趣的是，如果公司的業績出現問題，大部分也都是出在這些「第二把交椅」身上。

也就是說，一間公司的生殺大權，其實是掌握在這個「第二把交椅」身上。

所謂的「第二把交椅」，本來指的是隱身背後默默努力，輔佐高層的重要角色。演變到現在，變成責任是在社長身上，但是權力卻是在「第二把交椅」身上。雖然稱之為「第二把交椅」，但是事實上與「第一把交椅」也相差不遠。

照理說，一間公司應該由這「第一把交椅」與「第二把交椅」共同經營。但是，有時候「第二把交椅」耐不住性子，自己獨立出來之後，反而成為「第一把交椅」的敵人，在商場上這種例子其實也不少。

所以說，如果希望公司能有所成長的話，要如何處理這個「第二把交椅」就變得很重要。

最好的方式是，讓「第二把交椅」接「第一把交椅」的位置，然後讓他做「第二把交椅」的工作。

歷史上的「院政」（天皇讓位自稱上皇，背後在「院」中執政的政治形態），其實就是這個方式最好的例子。

如果以現在公司組織來舉例的話，社長退位到「會長」職，檯面上由後任的社長來擔任「第一把交椅」，實質上的權力仍由會長掌握。

Check!

如果要判斷一間公司的好壞，觀察「第二把交椅」吧！

48 主角紅三年，配角紅永遠法則

有許多人永遠以第一名為目標而努力，但是說實在話，能夠當第一名的人真的很有限。而且，第一名往往是大家注目的焦點，當然，想要扯後腿或陷害你的人也會跟著增加。

在演藝圈也是一樣的。每部電影的主角往往都會換不一樣的人，但是配角一樣也無所謂。不只在電影裏，在電視圈也是一樣的。所以，往往不引人注目的人，才有辦法生存得且長且久。

為甚麼會這樣？因為當主角是非常引人注目的。當你受到大家注目時，也容易成為攻擊的目標。所以，其實「引人注目等於風險」。

反過來說，配角沒有主角那麼引人注目。

所以跟主角比起來，被人陷害的風險相對少了很多。

在職場裏也一樣，你並不需要當第一名，只要你好好穩住第七名、第八名的位置，反而能夠風平浪靜，長久生存於職場上。

事實上，我回到日本後發現一件事，那就是能夠永續經營的公司，往往不是產業的龍頭，第七名或第八名的公司反而更能夠長久經營！

日本這個國家在國際上太引人注目，某種程度上來說就是一種「風險」。

同樣的道理，真正的有錢人，其實絕不招搖！

Check!

配角才有辦法長久生存！

49 移動到對自己有利的場所法則

現在，有很多日本年輕人不但不旅行、不出國留學，也不換工作。當然，他們更不會想要移居到海外去。

然後，大家只是站在原地唉聲歎氣：「日本怎麼那麼不景氣！」。

我的建議是，那就不要一直待在原地，移動自己的腳步，走出去就行了！

想法其實很簡單，與其在原地一直等待好景氣的來臨，倒不如把自己帶到一個景氣好的地方！

投資家通常會依據自己的環境或狀況，移動「自己」。

特別是最近網路或是SKYPE等，通訊技術那麼發達，其實不管你到任何國家去，人與人之間的聯繫已經不是件困難的事。所以，你需要做的只要移動你自己的腳步。

例如，在市郊設立一個「衛星辦公室」就是一個很好的例子。

也許我們大家都有刻板的觀念，就是「辦公室」都要在市中心。結果就是每天大家都擠電車通勤到市中心上班。

但是大家有沒有想過，跑業務的業務員如果需要留在市中心，那就把他們留下就好。公司的總部設在市郊也無妨，因為現在所有的事情都可以利用網路解決，地點已經不是問題。

再舉個一些例子來說明好了。現在有些信用卡公司把電話客服中心設在中國大連，如此一來可以節省很多人事費用。

另外，在海外也有一種新的公司型態，那就是把公司設在咖啡廳或是餐廳，然後咖啡廳或餐廳內部的事務所就當成是公司的事務所。為甚麼會演變成這樣？因為辦公室的房租對每間公司來說都是固定費用，若是費用太高其實會影響到公司的經營。

但是如果把辦公室設在咖啡廳的話，可以透過經營咖啡廳來支付辦公室租金。咖啡廳也不需要賺很多錢，只需要賺到足以支付租金的錢就可以了。

如此一來，不但辦公室的租金可以省下來，就連開會的場地也可以直接選在咖啡廳內。

這樣的想法，其實就是投資家的致富思考。

如果你抱怨「稅金太貴」，那麼就到稅金比較便宜的地方去就好。

如果你抱怨「銀行利率太低」，那就把錢存到銀行利率較高的國家就好。

到容易創業的國家創業，
到景氣好的國家經營事業，
到政治安定的國家捍衛自己的資產，
到資產運用收益較高的國家投資，
然後，到所得稅率較低的國家定居。

極端一點來說，這樣做不就好了嗎？

雖然日本是個很適合居住的國家，但是稅金與物價都高。而且，在日本國內創造的財富無法移到海外。最後，還有很可怕的遺產稅。

而且，稅率會愈來愈高，這也是無法忽視的事實。

在日本居住必須要繳納住民稅（譯註：日本的稅賦之一，一般來說，縣民稅與市民稅合併稱為住民稅）。

花錢消費又會被課徵消費稅。

有房子或車子，又會被扣固定資產稅或汽車稅，

即使人往生之後，後代還要課徵遺產稅。

所以日本是一個不管你做甚麼（就連往生也一樣）都會被課稅的國家。當然其他的國家也是一樣的，只是日本更嚴重一點。

因此，在法人稅便宜的國家創立公司，居住在稅金較便宜的國家，然後把資產放在不需要課遺產稅的國家，其實，這樣也是個不錯的方法，不是嗎？

不管怎麼樣，現在這個時代，已經到了需要「走出去」的時代。

反過來想想看猶太人的例子。其實猶太人就是因為長時間沒有自己的國家，他們勇敢走出去，把整個地球當成是他們的家。我們應該跟猶太人學習如何更有效利用「地球」才是！

Check!

更有效的利用地球吧！

一萬日圓牛排的價值法則

日本這個國家，稅率之高，在世界上也是有名的。
可以想像每個日本人都在承受高稅率之苦。

稅金，對企業來說，是個不具生產性的「費用」。
同樣的，對投資家來說，稅也是「費用」。
所以，為了盡可能節省費用，投資家對於稅金可是很徹底的研究。
但這並不是為了逃稅，而是為了節省稅金。

從這個想法中，衍生出以下的法則。

在某處，有位年收入三百萬日圓的A先生以及年收入二千萬日圓的B先生。
這二個人同時點了一客一萬日圓的牛排。

請問，A先生與B先生，誰的牛排比較划算？

年收入三百萬日圓的A先生為了要吃一客一萬日圓的牛排，他必須要賺足包含二成所得稅的費用，也就是一萬二千日圓。反觀年收入二千萬日圓的B先生，雖然同樣點了一客一萬日圓的牛排，他卻必須要賺二萬日圓才行。

因為年收入二千萬日圓的B先生，他的所得稅負擔稅率約五成。

如果是這樣想的話，A先生只需要賺一萬二千日圓就能吃一萬日圓的牛排。反觀B先生沒有賺足二萬日圓的話，無法吃一客一萬日圓的牛排。

因此這個問題的解答是，A先生吃牛排應該是比較划算的！

因此各位要記住，下次有錢人如果請你吃一客一萬日圓的牛排時，其實他是請你吃的是隱含價值二萬日圓的牛排。

即使是牛排，其中也包含著稅金這樣的「費用」啊！

Check!

如果要吃一客一萬日圓的牛排，光賺一萬日圓是不夠的啊！

角色扮演遊戲法則

各位有聽過「角色扮演遊戲（RPG，role-playing-game，由玩家扮演虛擬世界中的一個或幾個隊員角色在特定場景下進行遊戲）」嗎？有玩過的人，是否喜歡這個遊戲？

其實我也曾經玩過這個遊戲。這個遊戲的主角剛開始一無所有。沒有武器也沒有裝備，甚至連朋友也沒有，是個手無寸鐵、完全孤立的人。

遊戲一開始，主角就必須要打敗身邊較弱的敵人。打敗他們之後獲得錢幣，才有辦法購買防身的武器。逐漸地，身邊也會相繼出現朋友，自己的能力也會愈變愈強，也變得可以去挑戰比較強勁的對手。

但是，如果遊戲一開始，主角在甚麼裝備都沒有的狀況下直搗敵方大本營，直接挑戰魔王的話，會有甚麼後果？

我想大家應該都想像的到，不用一秒鐘就被敵人撂倒了吧！

所以，一般來說不會直接挑戰，發動攻擊。一開始會先強化自己的防禦能力，準備萬全之後才會去挑戰吧？

同樣的，假設在遊戲中你被放到熱帶草原地區，如果要活命，你需要的是增加攻擊力還是防禦力？

即使攻擊力再強，如果獅子突然跑出來的話，人類再怎麼強也沒有辦法攻擊不了獅子。反倒是學習「如何逃離獅子的攻擊」，有這樣的防禦能力要存活下來的機率相對比較高吧？

其實，遊戲世界和投資世界是一樣的。

剛開始投資的你，其實就和遊戲剛開始的主角一樣，全身上下沒有武器，是完全沒有防備的狀態。

在這種狀態下，你要直搗香港或新加坡那種魔王洞窟嗎？

挑戰之前，要學習如何保護自己，否則，只是自己跑進去送死而已！

但是很有趣的是，很多人在投資上採取的都是「攻擊」的姿態。光想要提高自己的攻擊力，從沒有想到要如何保護自己。

不過說實在的，光想要攻擊別人的人，應該也只是進去市場被人攻擊而已！

老話一句，投資入門學的就是要「保護」自己好不容易累積起來的資產。而不斷增強自己的知識，就是增強防禦力的不二法門！

Check!

投資之前，首先應該要學習的是「防禦力」，並非「攻擊力」。

52 小偷建立的保全公司法則

如果你想要打造一間超強的保全公司，應該要怎麼做呢？

如果是我的話，我會這麼做。

我會雇用**曾經當過小偷的人**。

因為當過小偷的人，他會最清楚保全公司的缺點以及最好下手的地點。所以參考他們的意見，做出「連小偷都無法入侵的保全措施」，那就是最強的保全系統了！

換句話說，就是雇用立場相對的人成為當事者，聽從他們的意見後，一一擊破每個弱點。

美國國防部曾經挖角一位年僅十幾歲的駭客，因為他曾經入侵國防部的網頁。

過去的我曾經當過禿鷹的工作，而且發現日本的缺失就是我最擅長的事。所以，現在的我反過來利用過去的經驗，希望可以為日本略盡棉薄之力。

如果可以改善反對意見的人所提出的「缺失」，最後只會剩下最強的部分。

所以，如果我可以決定內閣人事案，我一定會找美國聯邦儲備銀行（ＦＲＢ）前主席葛林斯潘（Alan Greenspan）來當日銀的總裁。（笑）

Check!

如果要做到最強，就要利用處於「立場相對」的人！

53 黏在自己背後的垃圾法則

家裏附近的出家人，曾經對我說過這麼一句話。

「你看得到黏在自己背後的垃圾嗎？」

當時，我並不能體會他對我說這句話的意思。

其實，以前如果有人指正我的缺點，我都會發脾氣，或是自己生悶氣。「反正跟他說他就發脾氣，又愛生悶氣，乾脆不說了！」久而久之，身旁的人也就不願意指正我的缺點了。

之後，周圍的人只對我阿諛奉承，說些好聽的話。而我自己也沉浸在這些奉承的話當中。等到回過神時，才發現自己已經變得非常高傲了！

而高傲這件事，對我來說是個災難。

因為，後來我歷經此生最大的失敗。

當這個大失敗來臨時，原本圍繞在自己周圍屈膝奉承的人，一個個都離我而去。

但是，值得慶幸的是，還有幾個好朋友還願意留在我身邊。

這些人就是當我變得很高傲時，還願意苦口婆心提醒我的一群人。

不過，當時的我只覺得他們想「潑我冷水」，完全不願意採納他們的意見。

到頭來，我才發覺到他們出自於真正的關心，才會想要指正我。

也一直到那個時候，我才真正領悟到出家人曾對我說的那句話的意義。

的確，不知曾幾何時，我的背後沾黏許多垃圾卻不自知。而這件事也沒有人告訴我。不，其實是我自己不願意去發現。

「我最會投資了！」認為自己是最厲害的人，通常都聽不進去別人的話。這會導致甚麼後果呢？那就是有甚麼消息別人再也不會告訴你，最後損失的就是自己！

Check!

會指責自己缺失的人，才是自己最好的夥伴！

54 成功者通常童心未泯法則

仔細看看那些成功的人，你會發現他們有個共通點。

那就是每個人都**童心未泯**。

很有趣的是，在集體行動的時候，成功的人通常都容易會離開群體，變成迷路的小孩。因為他們很習慣想到甚麼就馬上行動，所以很容易會看不見周圍的人。

「如果現在一個人單獨行動，應該會給別人帶來困擾吧！」單獨行動這件事，一般人也許會考慮再三，但是，成功的人是不會這樣想的。因為他們是以自己想做的事為優先行動。

因此，形容他們是「順從本能生存」的一群人，應該也不為過。

其實不瞞大家說，我也很常被說「像小學二年級的學生」。（笑）

也許大家會覺得，「大人要有大人的樣子」。但是正因為變成大人，應該要有更旺盛的好奇心才對。

對於不知道的事，千萬別放著不管！因為你最不需要的就是「放棄」或是「妥協」。

然後你要有所覺悟，「為了想要做的事，可以拋棄一切都無所謂！」。

不過，對於一個成功的人而言，他根本沒空去想這些。因為他們只要有想做的事就會馬上行動了！

其實，在工作上也是一樣的。

一般人不管甚麼事，一定會希望獲得上司或負責人的允許才會行動。

但是一個成功的人，會先行動了再說。獲得許可這件事通常是最後再補做的事。

也就是說，事後承諾，先上車後補票。他們最常做的事之一，就是邊想「藉口」邊行動！（笑）

為甚麼會這樣？他們認為往往在等待許可的期間，機會就流失了！

時間差，就是機會差。

「我找時間再做」，到最後通常不做的人居多。

有些腦袋很聰明的人，往往都是在行動前就想了很多，反而到最後都不行動了。

一個成功的人，不會想要去獲得誰的許可。所有事情都是自己做事自己扛，所以可以很快行動。

為了要成功，必須要先設「假設」，然後為了證明這個「假設」，必須要「實驗」。透過不斷實驗，才有辦法成功。

因為是自己證明自己的假設，也就不需要別人的許可或承諾了。

想到，就趕快行動吧！

萬一失敗，好好想個藉口通常就沒事了。

如何才能夠成功？不是光想就能成功。而是要不斷實驗，才會愈來愈接近真實。最後才有辦法成功，方法就這麼簡單！

Check!

順從你的本能行動！

55 鏡子法則

最後一個法則，我想用我最喜歡的故事來做結尾。

（空一行）

大家應該都有去過神社。各位知道放在神社裏面的是甚麼嗎？

其實是一面「鏡子」。

日文的「か・が・み」就是「鏡子」的意思。其中中間的那個「が」字，其實就是漢字「自我」的「我」字。

那麼，把中間那個「が」字拿掉，會變成甚麼呢？

就會變成「かみ」，也就是神明的意思。

沒錯，其實**人只要拿掉自我**，**就會變「神」**！

當你到神社去的時候，你會許甚麼願望呢？

在神社其實是不能為自己祈願的。

你必須要為周圍的人，為這個世界祈禱，為自己以外的人祈福才行！

神社裏的「鏡子」，映出的就是自己。

拿掉自我，其實，人就是「神」。

也就是說，最重要的是你不是為了自己，你該想的是該為別人做些甚麼。

然後，為了幫助別人，你必須先變得富強。

日本人有時候會覺得，自己變得富強，變成有錢人是件充滿罪惡感的事。

但是就我來看，根本不用有罪惡感。

首先，一定先讓自己變得富強。

等到自己變得富強後，再把自己拿掉。最後要做的事，是讓周圍的人也跟著變富強。

這個不就是最好的結果嗎？

而這個想法，也是投資家的腦中最重要的想法！

Check!

拿掉自我，變成「神」吧！

後記

很感謝大家，把整本書都看完了。

各位覺得如何呢？

只要各位對某些法則覺得「原來還有這樣的想法啊！」，我認為就夠了。

在這裏，我真摯的請各位把印象深刻的想法留在腦袋裏。

將來當你遇到一些事情時，能夠突然想起我說的話，這也就夠了。

說實話，我並不覺得各位讀完這本書就一定能夠變成有錢人。

但是，書中所提到的小故事，如果各位都能夠融會貫通，在不知不覺中一定可以逐漸不再為金錢所困擾。然後，不只是為了自己，也能夠為將來的子孫保留金錢與資產，慢慢變成有錢人。

其他有關投資的書，其實就很像是「頭痛藥」。

在頭痛的時候也許有效，但是無法從身體的根本治療。如果是感冒或是胃痛的話，可能就需要別的藥物治療。更別說是吃這個藥，會讓身體變健康。

相反地，這本書其實很像一種「改善體質」的藥。

它可以有效的從根本改善體質。也許沒有辦法馬上看到成效，一旦有效之後，不只是頭痛變好了，連感冒或胃痛也都跟著好了。也就是說，從根本改變成為健康的身體。

如果把它當成金錢來比喻的話，這**並不是只有一次的收益，而是會不斷進來的固定收益**。

如果有看到這裏的各位，我再真正有錢人才知道的思考法則。那就是：

有錢人如果看到自己覺得「不錯」的東西，會很積極的推薦給別人。

所以說，如果各位覺得這本書不錯，請記得要多多推薦給親朋好友啊！（笑）

金錢用多了會變少，但是變成有錢人的法則怎麼使用都不會少。

而且，金錢跟幸福是一樣的，愈是把它分享給大家，回報給自己的也愈多。

所以別自己偷偷藏起來，好東西多多跟大家分享吧！

相信對於各位來說，一定會更好，我也在這裏期待聽到各位的好消息！

世野一成

致富金句索引

BIG叢書0244

為什麼有錢人先吃最喜歡的菜?:猶太富翁教我的致富法則

作　者—世野一成(Issei SEYA)
譯　者—吳偉華
版權專員—李怜儀
責任編輯—文及元
封面設計—李東記
執行企劃—楊齡媛
副總編輯—丘美珍
董事長—孫思照
發行人
總經理—趙政岷
出版者—時報文化出版企業股份有限公司
10803台北市和平西路三段二四〇號三樓
發行專線—(〇二)二三〇六—六八四二
讀者服務專線—〇八〇〇—二三一—七〇五・(〇二)二三〇四—七一〇三
讀者服務傳真—(〇二)二三〇四—六八五八
郵撥—一九三四四七二四時報文化出版公司
信箱—台北郵政七九~九九信箱
時報悅讀網—http://www.readingtimes.com.tw
電子郵件信箱—big@readingtimes.com.tw
法律顧問—理律法律事務所　陳長文律師、李念祖律師
印　刷—鴻嘉彩藝印刷股份有限公司
初版一刷—二〇一三年十一月一日
定　價—新台幣二八〇元
⊙行政院新聞局局版北市業字第八〇號

ISBN 978-957-13-5845-1
Printed in Taiwan

國家圖書館出版品預行編目（CIP）資料

為什麼有錢人先吃最喜歡的菜？: 猶太富翁教我的致富法則 / 世野一成著 ; 吳偉華譯 . -- 初版 . -- 臺北市 : 時報文化 , 2013.11　面;　公分 . --（BIG 叢書；244）

ISBN　978-957-13-5845-1（平裝）

1. 成功法　2. 理財　3. 猶太民族

177.2　102020327